P.1
*A WONDERFUL
WORLD*: A ALEGRIA
DE LOUIS ARMSTRONG
E EDMOND HALL
(1956).

COMPANHIA DAS LETRAS

jazz
&co.

vinicius de moraes

organização, prefácio e notas EUCANAÃ FERRAZ

SUMÁRIO

prefácio
VINICIUS, O HOMEM DE JAZZ, POR EUCANAÃ FERRAZ 9

PARTE 1
jazz jazz

O JAZZ: SUA ORIGEM 36

O NASCIMENTO
DO SPIRITUAL 66

NOUVELLE-ORLÉANS:
EH, LÀ-BAS! 75

I THOUGHT I HEARD
BUDDY BOLDEN SHOUT... 88

TARDE DE JAZZ 90

O QUE É JAZZ 94

JAZZ PANORAMA —
PREFÁCIO 98

UM BLUES PARA BESSIE 102

BALADISTAS AMERICANOS 104

PARTE 2
jazz & cinema

NÃO SÃO MUITAS
AS "SENSAÇÕES DE 1945" 108

JAM SESSION 112

FOI MUITO OSCAR DEMAIS 116

PARTE 3
jazz & a américa

CREPÚSCULO EM NEW YORK 122

DESERT HOT SPRINGS 126

HISTÓRIA PASSIONAL,
HOLLYWOOD, CALIFÓRNIA 130

BLUES PARA EMMETT LOUIS TILL 136

OLHE AQUI, MR. BUSTER 140

O ÔNIBUS GREYHOUND
ATRAVESSA O NOVO MÉXICO 144

cronologia 146   referências 150   crédito das imagens 151

para luciana de moraes, in memoriam

BUNK JOHNSON (*C.*1950), QUE VINICIUS CITA COMO UM MESTRE DO ESTILO NEW ORLEANS.

COM TATI, SUA MULHER, E SUSANA, SUA FILHA, EM LOS ANGELES, ONDE VINICIUS DE MORAES CHEGOU EM 1946 PARA EXERCER SEU PRIMEIRO POSTO DIPLOMÁTICO (1946).

PREFÁCIO

VINICIUS, HOMEM DE JAZZ

É Susana de Moraes quem me diz: "Minha infância transcorreu ao som de jazz; era o que se ouvia — e se ouvia muito — em nossa casa". Ela se refere ao tempo em que viveu com o pai, a mãe, Tati, e o irmão Pedro em Los Angeles, para onde os quatro partiram em 1946, quando Vinicius de Moraes foi convocado para ocupar seu primeiro posto diplomático, como vice-cônsul. Susana tinha então seis anos de idade e seu irmão era dois anos mais novo.

Naquele tempo, Vinicius comprava discos de jazz continuamente e, mais que isso, fizera amizade com vários músicos. Em carta de 7 de maio de 1950, ele escrevia a Manuel Bandeira:

Jazz: você vai ver que coleção estou trazendo. Pretendo mesmo, caso me dê a bossa, dar um pequeno curso ilustrado aí, num canto qualquer. Ouvi tudo o que há de legítimo nesse país, sendo que fiz boa camaradagem com muito *jazz player* famoso, como o velho Satchmo, Louis Armstrong; o velho Kid Ory, o pai do jazz, mestre no estilo New Orleans; e grandes novos e inovadores, como o Dizzy Gillespie, um dos criadores do *bebop*, que é mais ou menos o que é o frevo em relação ao samba de morro; o Stan Kenton, e muitos outros.[1]

Um ano antes, porém, em outra carta enviada a Bandeira — o mais constante correspondente no período —, Vinicius falava de seu interesse por música clássica:

Depois de ter feito alguns cursos de ciências sociais para afiar meu marxismo, entrei para uma extensão universitária aqui na famosa UCLA, de "Music appreciation". Muito bom. Resolvi estudar música. Estou comprando muito e tenho as coisas mais divinas para você ouvir quando eu voltar, como as Sonatas de Scarlatti pela Landowska; as sonatas de Couperin, feitas pela Couperin Society, também pela velha, que são uma beleza; uma Suíte em mi menor, de Rameau, coisa linda. E os Madrigais, de Monteverdi, com Boulanger; delícia completa. E as Quatro estações de Vivaldi, gravado na Itália, maravilha total. Estou comprando tudo da fase barroca: Torelli, Couperin, Corelli, Lully, Händel, nosso tio João Sebastião, naturalmente (comporei duas suítes, a 4 e a 5, tocadas pelo Casals: só cello o tempo todo — coisa incrível!) e uns sujeitos adoráveis chamados Telemann e Loeillet, numas trio-sonatas onde ainda aparece o "recorder", instrumento que eu penso seja uma espécie de clarinete primitivo. Delícia, Mané.

[1] *Querido poeta: Correspondência de Vinicius de Moraes.* Org. de Ruy Castro. São Paulo: Companhia das Letras, 2003, pp. 179-80.

AO LADO DE TATI E SEUS FILHOS SUSANA E PEDRO, EM LOS ANGELES (*C.* 1947).

NA CASA
CALIFORNIANA.

Não havia, decerto, para Vinicius incompatibilidade entre os gêneros. Mas é bastante provável que seu interesse por jazz tenha crescido, ficando a música clássica em segundo plano. Para tanto, há de ter colaborado aquele convívio com os músicos e a intimidade com um mundo que se desenvolvia a seus olhos — e ouvidos. Entretanto, o apreço pelo jazz crescera em meio a um grande desgosto com o mundo americano.

Em outra carta para Bandeira, de 14 de setembro de 1947, Vinicius é direto: "Cada dia acho os Estados Unidos mais chatos, sobretudo esta costa onde estou".[2] Nova York parecera-lhe melhor que Los Angeles, mas o consulado praticamente não tinha horário de trabalho, e a perspectiva de não fazer nada desagradava ao jovem vice-cônsul. Apesar de tudo, Hollywood afigurava-se razoável, já que ali os brasileiros eram um grupo simpático, formado, principalmente, por gente ligada à música. Reuniam-se com frequência na casa de Carmen Miranda, sobre quem Vinicius afirma: "Ela é um amor de pessoa, Mané, com todas aquelas bananas na cabeça e extravagâncias que usa". E, ainda: "Me chama 'Vesúvio', coisa que me derrete".[3] Mas o grupo parecia mesmo ser uma colônia, mínima e isolada:

> O resto é uma sensaboria, uma gente burra e *self-satisfied*, se achando o suprassumo. Com exceção de certas facções democráticas, as que agora lutam ao lado do Wallace — talvez um décimo da população —, o resto é de se jogar na latrina: preconceito, discriminação racial, empáfia, unilateralismo, extrema ignorância e desprezo geral pelo estrangeiro, na seguinte ordem: respeitam, naturalmente, os anglo-saxões; desprezam cordialmente

2 Idem, p. 128.

3 Idem. O contato pessoal, sem dúvida, surpreendeu Vinicius. Anos antes, em crítica ao filme *Uma noite no Rio* (*That Night in Rio*), Vinicius escrevera: "Carmen Miranda aparece como qualquer coisa de exótico, agreste, escarlate. Fala e faz mais trejeitos que um esquizofrênico sob um choque de cardiazol. Pensando bem, Carmen Miranda é um hindu, mais que uma brasileira. São turbantes coloridos, braços como serpentes, mãos como cabeças de najas. É tão prodigioso, que Carmen Miranda não consegue apenas ser o hindu — consegue ser o hindu e a serpente, coisa que em matéria iogue é da mais alta importância".

4 Idem, pp. 128-9.

5 William Randolph Hearst (1863-1951), dono de um grande império de comunicação, que, no auge, chegou a conglomerar dezenas de jornais, revistas e cadeias de rádio. Anticomunista ferrenho, Hearst também odiava minorias e perseguia especialmente mexicanos e outros imigrantes de origem hispânica. Sua biografia teria inspirado Orson Welles na criação de seu célebre *Cidadão Kane* (*Citizen Kane*), de 1941.

6 *Querido poeta*, op. cit., p. 129. "Se você não gosta daqui, por que diabo não volta para o seu país?"

o latino, considerando mexicano a escória; depois vem o negro, que é feito cachorro.[4]

O retrato continua, ainda mais irônico, fundindo modo de vida com política:

São os novos nazistas, os americanos, como diz a imprensa do Hearst.[5] Caucasianos, louros, protestantes, especialistas em coisas mecânicas. Dirigem muito bem automóvel, motocicleta, avião. Esses Flash Gordons embriagam-se invariavelmente no sábado. Falam todos com as mesmas palavras. Têm namoradas bonitas, com cara de anúncio, que se deixam beijar, bolinar. Todo mundo quer casar, ter o seu "*home*", o seu "*baby*", tudo também, *homes* e *babys* com a mesma cara. Democracia, mesmo, é parola. Se você critica, eles se fecham. Não admitem que não se ache aqui o paraíso. A resposta usual é: "*If you don't like it here, why the hell don't you go back to your country?*".[6]

Um mês depois dessa carta, Vinicius escreve para sua mãe, Lydia:

DETALHE DE CARTÃO-POSTAL EM QUE SE VÊ PARTE DA PAISAGEM DE DESERT HOT SPRINGS, CALIFÓRNIA.

O mundo está tão ruim que é melhor nem pensar. A mesma onda de fascismo que passa aí está passando aqui, que é, aliás, o berço da dita. Um convencimento, uma empáfia, o tal de "americanismo" — enfim, uma bosta.[7]

Apesar do panorama descrito, a carta refere-se, adiante, a "uns grupos bons", citando gente de cinema como Katharine Hepburn, Humphrey Bogart e sua mulher, Lauren Bacall, e John Garfield, em oposição àqueles que chama de "sujos" e "fascistoides": Adolphe Menjou, Robert Taylor, Ginger Rogers, Barbara Stanwyck e Robert Montgomery. O quadro dual é compreensível se lembrarmos que Vinicius assistia in loco ao início oficial, naquele ano de 1947, da "caça às bruxas" no cinema americano. Os nomes referidos por ele ligavam-se aos depoimentos dados nas audiências instaladas pelo governo a fim de investigar uma alardeada infiltração comunista na indústria cinematográfica. O primeiro grupo citado por Vinicius era o das chamadas "testemunhas não amigáveis", enquanto o segundo se compunha daqueles que denunciaram colegas acusados pelo Comitê de Atividades Antiamericanas (Committee on Un-American Activities).

Os Estados Unidos viviam naquela época uma verdadeira histeria anticomunista. Tornou-se célebre a atuação do senador Joseph R. McCarthy, que acusava membros do próprio governo de estarem, direta ou indiretamente, envolvidos em manobras subversivas. Vinicius define de modo claro aquele período, em que circulavam "listas negras": "É a era do medo e da ansiedade. Medo da Rússia e do comunismo *throat-cutter*. Medo do pessoal do dinheiro, de perdê-lo. Medo de

7 Idem, p. 131.

8 Idem, p. 134.

9 Carta para Manuel Bandeira, de 11 de janeiro de 1948. Idem, p. 133.

10 *Poemas, sonetos e baladas e Pátria minha*. São Paulo: Companhia das Letras, 2008, p. 137. O poema apareceu como uma plaquete em 1949, numa tiragem de apenas cinquenta exemplares, editada por João Cabral de Melo Neto em sua prensa manual quando morava em Barcelona, sob o selo O Livro Inconsútil.

poderem pensar que. Medo de tudo".[8] A Guerra Fria instalara-se nas ordens política, militar, econômica e ideológica, repercutindo sordidamente no cotidiano. O comunismo era, portanto, um inimigo vizinho, a ser combatido dia a dia. O efeito sobre Vinicius era desolador, na medida em que aumentava sua solidão e o levava ao isolamento:

> Estou achando cada dia mais difícil viver nesse mundo de medos e mal-entendidos que é a América, e me bicho-matificando a cada dia. Cada reunião com americanos é uma tensão, uma perspectiva de briga, uma mútua desconfiança e pé-atrás. Se você diz que gosta do Wallace, eles te olham como se você já tivesse em casa um poderoso transmissor, com ligação direta com Moscou. Se eu disser então que sou comunista, estarei provavelmente com o FBI em casa no dia seguinte. É uma covardia enorme, e me angustia às vezes tremendamente. É ruim viver trancado. Só encontrei liberdade para falar com duas ou três pessoas [...].[9]

Saudade e solidão são motor dos versos de "Pátria minha", poema escrito naqueles dias:

> A minha pátria é como se não fosse, é íntima
> Doçura e vontade de chorar; uma criança dormindo
> É minha pátria. Por isso, no exílio
> Assistindo dormir meu filho
> Choro de saudades de minha pátria.[10]

Frequentar *boîtes* e *clubs* de jazz era um modo excelente de romper o isolamento. A música e os músicos ofereciam a Vinicius outra face da sociedade americana, contestatária e desembaraçada da velha moralidade branca, muito embora o racismo, que imperava na época, impedisse o confortável alheamento dos problemas que, muitas vezes, nem sequer chegavam a ficar do lado de fora, já que, como se sabe, *clubs* e casas de show onde se tocava jazz, com algumas exceções, vetavam a entrada de negros na condição de público. Assim, Vinicius foi fazendo novos amigos, aproximando-se de Jelly Roll Morton, Duke Ellington, Louis Armstrong, Sarah Vaughan e Ray Gilbert.[11] Mesmo morar em Hollywood, com o tempo, também já não lhe parecia de todo desagradável: "Há uma *boîte* negra aqui perto, o Billy Berg's, que é uma delícia",[12] diz ele a Bandeira. A companhia mais constante era o músico brasileiro Zé Carioca — José do Patrocínio Oliveira —,[13] que atuava ao lado de Carmen Miranda e do Bando da Lua. Vale a pena citar um trecho do retrato que Vinicius fez de seu amigo para o *Diário Carioca*, em 11 de maio de 1947:

> Tem um enorme orgulho dos seus excelentes violões brasileiros, que leva consigo às festas fazendo sempre a propósito uma pequena camelotagem do Brasil. Ninguém nunca o verá sem o violão a tiracolo, plangendo acordes brasileiros ou americanos com igual maestria. A coexistência desses dois ritmos enriqueceu-lhe notavelmente o dedilhado, de forma que se pode sentir de repente em meio a um solo de valsa paulista, como "Saudade do Matão" (que eu reivindico para Minas), a inclusão de uma dissonância do mais puro Ellington, o que às vezes é de grande efeito, e sem descaracterização da melodia. [...] Acompanha qualquer ritmo afro-americano, desde o *spiritual* e o *boogie* até as formas diferentes da rumba cubana e centro-americanas,

11 Gilbert se tornaria, anos depois, um dos principais letristas a verter para o inglês letras de canções da bossa nova, como "O amor em paz" ("Once I Loved"), de Tom e Vinicius.

12 *Querido poeta*, op. cit., p. 129.

13 O contato de José do Patrocínio Oliveira com Walt Disney — para quem dublou alguns personagens de seus desenhos animados — teria inspirado a criação do famoso papagaio Zé Carioca.

EM LOS ANGELES, VINICIUS FEZ AMIZADE COM JELLY ROLL MORTON, LOUIS ARMSTRONG, RAY GILBERT E SARAH VAUGHAN. A CANTORA APARECE AQUI NO PALCO DO CIVIC OPERA HOUSE, EM CHICAGO (C. 1956).

sem falar no samba e as suas variedades. E o fez tão bem que já notei, mais de uma vez, a audiência presa antes no seu violão que à cantora do momento.

Inaugurada em 1945, a Billy Berg's foi uma das primeiras *boîtes* integradas de Hollywood, ou seja, brancos e negros podiam frequentar tanto o palco quanto a plateia. Não foi por acaso, portanto, que, já no Brasil, Vinicius escreveria para o semanário *Flan*, do jornal carioca *Última Hora*, uma crônica referindo-se ao racismo que cercava o mundo do jazz nos Estados Unidos. Seu título é "Coisa que pouca gente sabe":

> Que a grande cantora americana negra, Bessie Smith, também alcunhada de "a rainha do *blues*", sangrou até morrer depois de um acidente automobilístico, porque um hospital branco para o qual foi transportada, recusou-se a recebê-la em virtude de sua cor... [...] Que o extraordinário trompetista e cantor americano Louis Armstrong quase morreu de medo, quando de sua primeira visita à Suécia, ao ver a multidão branca e loura precipitar-se para ele ao pôr o pé em terra; Louis, esquecendo-se de que estava na Europa, pensou por um momento que vinham linchá-lo, mas acabou mesmo sendo carregado em triunfo...[14]

Praticamente todos os grandes tocaram no Billy Berg's, tornando-se um marco as polêmicas apresentações, entre dezembro de 1945 e fevereiro de 1946, de Charlie Parker e Dizzy Gillespie, que juntos levaram pela primeira vez à Costa Oeste o chamado *bebop*. Enquanto Vinicius esteve entre seus habitués, por lá

14 *Flan*, *Última Hora*, 2 a 18 de julho de 1953.

15 *Revista da Música Popular*, n. 4, janeiro de 1955. Reproduzida em *Coleção Revista da Música Popular Brasileira*. Rio de Janeiro: Funarte; Bem-Te-Vi, 2006, p.226.

16 Depoimento oral, gravado para o Museu da Imagem e do Som, no Rio de Janeiro, em 12 de junho de 1967. Os entrevistadores foram Otto Lara Resende, Lúcio Rangel, Alex Viany e Ricardo Cravo Albin.

17 "Minha cara-metade", 25/8/1951. In: *Poesia completa e prosa*. Org. de Eucanaã Ferraz. Rio de Janeiro: Nova Aguilar, 2004.

passaram, entre outros, Billie Holiday, Louis Armstrong e Billy Eckstine.

Muitos anos depois, em depoimento, Vinicius recordaria sua amizade com o baterista Zutty Singleton — com quem "comeu feijoadas homéricas, tomou pileques internacionais e ouviu muito jazz" —[15] acrescentando:

> Conheci o Louis Armstrong, também; Ted Murphy... Enfim, conheci quase todos os homens de jazz que passavam por Los Angeles, e privei com eles. Vi a Billie Holiday mil vezes, onde ela ia eu ia atrás. Eu vi a Sarah Vaughan cantar pela primeira vez em Nova York, quando ela estava começando.[16]

É sintomático que em crônica sobre o filme *Minha cara-metade* (*Call Me Mister*), dirigido por Lloyd Bacon, com Betty Grable e Dan Dailey, Vinicius, depois de sentenciar que na fita "não há um metro linear de celuloide que não seja bocó, toleirão, bobo alegre", afirme ter algo em comum com Dailey:

> Grande fã de bom jazz, como este cronista, eu me lembro de tê-lo visto frequentemente nas *boîtes* negras de Los Angeles, sempre que por lá andavam Louis Armstrong e outros próceres.[17]

Susana de Moraes lembra-se bem de sua infância nos Estados Unidos, quando, ao som do jazz, viveu experiências livres de preconceitos sob a vigilância de uma educação rigorosa, já que Vinicius e Tati faziam questão de assinalar a estética, a ética, a moral e a direção política que os distinguiam:

Nós morávamos como uma família americana. Não tínhamos empregada. Então, um dia um lavava a louça, outro arrumava. E isso foi muito bom. Nesse período, ficamos lá uns cinco anos. Fui duas vezes a Nova Orleans com Vinicius. Íamos lá quando ainda era terrível o racismo. Entrávamos sempre pela porta dos fundos, junto com os músicos negros. Vimos Charlie Parker. Isso era literalmente um sonho para mim, às vezes acordada e às vezes dormindo. Em Los Angeles estudava em colégio público, com tudo misturado, chicano, preto, branco. Sem preconceito. Mas no Sul era uma loucura. Ele me levava para esses clubes de Nova Orleans onde estava escrito na entrada *whites only*. Eu ficava num canto enrolada no *manteau* do meu pai e aqueles músicos negros todos conversando animadamente com ele sobre aquela música que eles estavam inventando. De algum jeito, eu sabia que a minha família era diferente. Minha mãe era simpatizante do Partido Comunista e militante. O Carlos Prestes esteve escondido na minha casa. Mandávamos roupas para a Anita, filha dele. Era uma coisa bem dos anos 1940 e 1950. A casa de Los Angeles era frequentada pelos roteiristas e diretores que estavam na lista negra do macarthismo. Tinha sempre gente lá em casa.[18]

Entusiasta da música negra tradicional, Vinicius de Moraes teve o privilégio de assistir, na Califórnia, tanto à revivescência do jazz tradicional de Nova Orleans quanto a momentos importantes do desenvolvimento daquele que ficou conhecido como "West Coast jazz", uma modernização do gênero longe do influxo nova-iorquino, levada a cabo por artistas como Dave Brubeck, Chet Baker, Dexter Gordon, Ornette Coleman, Art Pepper e Paul Desmond, entre outros.[19] Muitos anos depois,

18 Entrevista concedida a Regina Zappa. In: MORAES, Susana de; FERRAZ, Eucanaã; WISNIK, José Miguel; DINIZ, Júlio. *Vinicius de Moraes: Um poeta dentro da vida*. Rio de Janeiro: 19 Design, 2011, p. 17.

19 Sobre o assunto, ver *West Coast Jazz: Modern Jazz in California, 1945-1960* (University of California Press, 1998), de Ted Gioia.

20 "Contracapa para Paul Winter". In: *Para uma menina com uma flor*. São Paulo: Companhia das Letras, 2009, p. 116. No mesmo texto, Vinicius afirma: "O que se convencionou chamar de 'samba-jazz' nada tem a ver com a bossa nova; nem, para ir mais longe, com samba ou com jazz. É um híbrido espúrio. A verdadeira e orgânica influência do jazz no moderno samba brasileiro está na liberdade de improvisação que criou para os instrumentos e também na orientação do uso do tecido harmônico, que veste a melodia com uma graça e leveza desconhecidas no samba antigo, mais escorado no ritmo e na percussão" (p. 117).

21 A loja mereceu ter sua história contada em livro, *Hot Jazz for Sale: Hollywood's Jazz Man Record Shop* (2010), de Cary Ginell.

22 *Querido poeta: Correspondência de Vinicius de Moraes*, op. cit., p. 162. A carta é de 13 de setembro de 1949.

23 *Hot Jazz for Sale*, op. cit., p. 104. Tradução nossa.

ACIMA
COM ERTEGUN, QUE VINICIUS DIZIA SER "DONO DA MAIS INTRANSIGENTE *JAZZ SHOP* DOS ESTADOS UNIDOS".

ABAIXO
COM OS AMIGOS MARILI E NESUHI ERTEGUN, DIANTE DA LENDÁRIA LOJA THE JAZZ MAN, QUE O CASAL MANTINHA EM LOS ANGELES (*C.* 1957).

Vinicius definiria a bossa nova como "uma filha moderna do samba tradicional, que teve o seu namoro com o jazz, sobretudo o chamado 'West Coast'".[20]

Na formação jazzística deste brasileiro poeta e vice-cônsul, tão importante quanto a interação com os músicos e as performances nas casas noturnas foi sua amizade com Nesuhi Ertegun e sua mulher, Marili Morden, donos da lendária Jazz Man Record Shop, que na época funcionava no número 6420 do Santa Monica Blvd., Hollywood.[21] Não era uma loja qualquer. Desde 1939, atendia colecionadores que lá iam à procura de discos raros. Também mantinha seu próprio selo, tendo influenciado decisivamente na onda em torno do jazz tradicional com as primeiras gravações, em 1942, de Bunk Johnson, um velho trompetista de Nova Orleans, venerado por todos os gigantes, e com os discos de Lu Watters e sua Yerba Buena Jazz Band. Não houve exagero, portanto, quando Vinicius, em carta para Manuel Bandeira, referiu-se a Ertegun como "dono da mais intransigente *jazz shop* dos Estados Unidos".[22]

Marili era uma mulher tão bonita quanto sofisticada. Falava pouco, mas, entre um cigarro e outro, era sempre precisa em suas observações. Gozava da amizade incondicional dos músicos, que, além de reconhecerem sua paixão pelo jazz, viam nela uma pessoa realmente livre de preconceitos, acolhedora, que sabia partilhar alegrias e amarguras. Era já dona da Jazz Man — a loja fora criada por seu antigo marido, Dave Stuart — quando conheceu o turco Nesuhi, "erudito, bem-vestido, bem-educado, com um carismático modo de falar, e que, embora pequeno na estatura, parecia elevar-se com seu conhecimento enciclopédico sobre a história do jazz".[23]

Vinicius frequentava a loja com assiduidade e Nesuhi costumava ir à sua casa. Jazz e cinema eram os principais assuntos das longas conversas entre os dois, aos quais se juntava, por vezes, outro fiel frequentador da Jazz Man: Orson Welles. Vinicius o conhecera no Rio de Janeiro, no início de 1942, quando Welles filmava seu malogrado documentário *É tudo verdade* (*It's All True*). O poeta e cinéfilo, admirador desde a primeira hora de *Cidadão Kane* — lançado no ano anterior —, conseguira, então, a proeza de projetar para o diretor, e mais alguns convidados, o lendário filme de Mário Peixoto, *Limite*, de 1931. O reencontro de Vinicius de Moraes e Orson Welles em Hollywood, anos depois, fortaleceria a amizade entre eles, que continuaram a se encontrar em torno de cinema — Vinicius acompanhou toda a filmagem

COM NESUHI NA JAZZ MAN E NAS RUAS DE LOS ANGELES.

PÁGINAS SEGUINTES ANÚNCIOS DA LOJA DE DISCOS DO CASAL ERTEGUN NO TRAÇO DE GENE DEITCH.

"All right now—straighten your tie, try to look like an old collector, and for heaven's sake don't ask if they have any Tommy Dorseys!"

We're really very broadminded about jazz, whatever you may have heard. Of course we carry King Oliver and Kid Ory, but we carry Benny Goodman and Dizzy Gillespie, too. And for all we know, some of our best customers buy Tommy Dorseys (but not from us). You don't have to be an old collector to deal with us because our years of experience enable us to offer all our records at set prices; you won't be competing with experienced buyers because it's first come, first served. It isn't necessary to get all dressed up to buy a record from us, either. Just put on any old thing and write us a note, enclosing your want list. Our mail order department will take care of your needs promptly and efficiently. Shipments are sent by Railway Express, carefully packed and fully insured. COD orders preferred, no packing charges. So if you're interested in jazz books, magazines, photographs or records, (new, used, originals, reissues), the Jazz Man Record Shop is just what you're looking for. Established 1939.

THE **Jazz Man**
RECORD SHOP
6420 Santa Monica Blvd., Hollywood 38, California

"H'm! Maybe I shouldn't give Sam an original Morton; he only gave me a reissue last Christmas!"

Whether it's an original or a reissue that he decides on, the Cat has come to the right place to get it. Whether it's a Christmas present or just a present for yourself you're after, if it's a jazz record, we have it or can get it for you. Looking for hard to get albums? We have them. Looking for out of print books, magazines or pamphlets on jazz? We have them. Looking for green covers or carrying cases? We have them. Looking for an indexing system to solve your record filing problem? We have one.

In fact, come to think of it, we have everything a jazz collector could possibly want in the way of records, albums, reading matter or accessories. So bring your problems to us: come in person, call, write or wire. We have EVERYTHING—in jazz, that is.

THE *Jazz Man* RECORD SHOP
6420 Santa Monica Blvd., Hollywood 38, Calif.

24 No início de 1955, Nesuhi foi trabalhar com seu irmão Ahmet na Atlantic Records. Lá, dirigiu a divisão de jazz da gravadora, para onde levou músicos como Herbie Mann, Shorty Rogers, Charles Mingus, John Coltrane, Jimmy Giuffre, Les McCann e o Modern Jazz Quartet, entre outros nomes respeitados do West Coast jazz. O trabalho de Nesuhi foi um marco no importante universo da indústria fonográfica.

25 Depoimento ao Museu da Imagem e do Som, op. cit.

de *A Dama de Xangai* (*The Lady from Shanghai*), em 1947, e *Macbeth*, em 1948 — e de jazz, muitas vezes na companhia de Marili e Nesuhi Ertegun.[24] Em depoimento, o poeta recordaria:

> Em Los Angeles, eu renovei o meu contato com o Orson Welles e também com o câmera deles, que era o Gregg Toland. Eu queria seguir um curso na Universidade da Califórnia, e eles disseram: "Não, você tem que fazer uma coisa melhor; o que você tem que fazer é vir para o set de filmagens e ver a gente trabalhar". De maneira que, sempre que o Welles filmava, eles me chamavam e eu ia. E assim segui de muito perto dois ou três filmes deles. Ele me explicava certas coisas de vez em quando. O Gregg também.[25]

EM LOS ANGELES, COM O JORNALISTA DE CINEMA ALEX VIANY E O DIRETOR ORSON WELLES, UM DE SEUS BONS AMIGOS AMERICANOS E TAMBÉM AMANTE DE JAZZ.

Apesar de seu amor pelo cinema, efetivado na longa carreira como crítico-cronista de cinema e nos muitos esforços para a formação do público brasileiro,[26] todos sabemos que Vinicius de Moraes não se tornou cineasta, enquanto a música o apanharia definitivamente.

O jazz esteve presente também nos seus anos parisienses. Em 1953, poucos meses depois do nascimento de Georgiana, primeira filha do casamento com Lila Bôscoli, a família seguiu para a capital francesa, onde ficou até 1957, quando Vinicius foi transferido para Montevidéu.

Na crônica "Por que amo Paris", Vinicius inventa, ou transcreve, uma conversa em que o convite para o encontro amoroso propõe a ida a um clube privado de jazz. O "sócio" descreve o ambiente a fim de tornar o programa mais sedutor:

> [...] "— Você
> Gostaria de ouvir um bom jazzinho num clube privativo
> De que sou sócio? É simpático... gente moça, boa música
> Borboletas nas paredes. Há uma caixa
> Só de espécimes do Brasil... Vamos?" (figa!)
> "— É, podemos ir um instantinho, só não quero
> Chegar tarde demais..."[27]

O jazz, entenda-se, não era para ser apenas ouvido, mas dançado. É assim que, no texto, a música aparece em seu cenário mais vibrante, descontraído e capaz de criar um ambiente intensamente romântico:

> [...] Amor!
> Ao dançar senti teu rosto roçar o meu, minha boca
> Aflorou tua pele, o meu beijo

26 Parte representativa das crônicas escritas por Vinicius foram reunidas em *O cinema de meus olhos* (org. de Carlos Augusto Calil. São Paulo: Companhia das Letras, 1991) e em *Poesia completa e prosa*, op. cit.

27 *Poesia completa e prosa*, op. cit., p. 723.

DUKE ELLINGTON E SUA ORQUESTRA NO OLYMPIA, PARIS (C. 1955). PARA VINICIUS, ELLINGTON DAVA À SUA ORQUESTRA UMA "LIBERDADE DE CRIAÇÃO SEM A QUAL O JAZZ NÃO EXISTE".

Veio de longe, e o meu amor despenhou-se do vácuo
Como um negro sol incendido, varando milênios
De solidão e desencontro, recuperando
Infinitos perdidos, espaços
Abandonados, arrastando no seu vórtice
Astros sem luz, estrelas moribundas
Mundos sem amanhã.[28]

Curiosamente, já como um dos criadores da moderníssima bossa nova, Vinicius escreveria uma crônica em que propõe a seu leitor uma viagem no tempo a fim de voltar aos anos 1920. A crônica de costumes recupera algum linguajar da época, tendo o jazz como pano de fundo:

> Suponhamos, leitor, que você acorde um dia quatro décadas atrás, no período entre 1920 e 1930 que sucedeu à Primeira Grande Guerra e onde a disponibilidade e falta de critério eram gerais: os "Gay Twenties", como ficou conhecida nos Estados Unidos a era do jazz, tão fabulosamente vivida e narrada pelo romancista Scott Fitzgerald.
>
> Suponhamos que você tivesse uma amiga, ou melhor, uma "amiguinha" rica e quisesses fazer um programa com ela. Iria encontrá-la em casa metida num *peignoir* de cetim *ciré*, sandálias de pompom, piteira em riste a queimar um Abdull, envolta em ondas de Mitsouko ou Tabac Blond, do perfumista Caron. Ela estaria, naturalmente, num divã coberto de almofadas, e na testa da jovem "melindrosa", você notaria um "pega-rapaz", ou antes, uma "belezinha", feita com uns poucos fios de cabelo.

O convite para o programa vem a seguir:

[28] Idem.

[29] "A alegre década de vinte". In: *Para viver um grande amor*. São Paulo: Companhia das Letras, 2010, pp. 156-7.

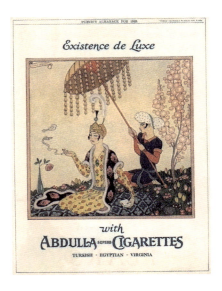

PROPAGANDA DOS CIGARROS ABDULLA: SOFISTICAÇÃO E EXOTISMO NA ERA DO JAZZ.

— Vamos ao chá dançante do Palace Hotel?

    E ela, com um muxoxo:

— Não, hoje eu preferia muito ir ver o Bataclan. Dizem que é "supimpa".

Dado a coisas mais finas que o *vaudeville* ou o teatro de revista, você ainda tentaria convencer o seu "pedaço de mau caminho" a ir, em vez, à festa do Fluminense ouvir os Corsarinos e sua *jazz band*: um negócio do "balacobaco". Mas a menina não estava nada para coisas muito formais.[29]

O texto tenta criar uma atmosfera burguesa e algo frívola, mas, para além da fantasia simultaneamente leve e sensual, podemos ver ali os índices de uma lembrança nostálgica dos tempos iniciais do jazz em oposição a uma modernização-transformação que soava a Vinicius como, no mínimo, prejudicial. Reproduzo abaixo trecho de entrevista ao jornal carioca *O Pasquim*, número 6, de agosto de 1969. As respostas são dadas a duas perguntas de Luiz Carlos Maciel:

LCM — Você ainda gosta de jazz?

VM — Outro dia mesmo tive uma discussão com Fernando Sabino porque ele acha que o jazz é a maior contribuição musical do século e eu não acho. Acho a música brasileira mais importante e mais rica que o jazz, o fenômeno musical mais importante do século. Me refiro à música popular brasileira, porque a erudita, com exceção de Villa-Lobos e Santoro, já acho menos.

LCM — Você acha que o jazz está ficando cada vez pior, que bom mesmo é o jazz antigo?

VM — Eu acho que o jazz acabou, não existe mais.

Triste fim de uma história de amor? Seria fácil aproveitar a célebre imagem viniciana e afirmar que, enquanto durou, o amor foi eterno. Decerto, não estaríamos longe da verdade. Mas talvez seja mais correto atestar que Vinicius apenas não pôde amar um certo jazz, provavelmente aquele que ganhou forma nos anos 1960, marcado por inovações harmônicas, melódicas e rítmicas; mas teria permanecido vivo seu amor por outro tipo de jazz. Digamos que o poeta, compositor e cantor talvez tenha sido, com a música de Nova Orleans, tão só um amante intransigente — adjetivo que usou para sua querida Jazz Man Record Shop —, amante fiel, que não soube perdoar o que considerou uma traição. E quem sabe a opinião do letrista de "Só danço samba" — que em sua versão americana ganhou o nome de "Jazz Samba" — tenha mudado durante os anos 1970, quando, ao lado da fusão com o rock e outras alianças inexploradas, teve lugar uma restauração das *big bands*. Seja como for, as páginas que seguem são belos, divertidos, tristes, emocionantes momentos de mais um grande amor entre os amores de Vinicius.

E. F.

A JAZZ MAN
ERA ENDEREÇO
CERTO PARA
COLECIONADORES.

For Cats of Distinction....

You'll find Jazz Man Records wherever smart collectors gather. No truly discriminating collection is complete without selections on the Jazz Man label by these artists: Kid Ory's Creole Jazz Band, Johnny Wittwer, Lu Watters' Yerba Buena Jazz Band, Jelly Roll Morton, Bunk Johnson's Original Superior Band, Wally Rose. At one dollar each, exclusive of taxes. Send for our descriptive brochure.

In addition to these Collectors'-Items-Of-Today on our own label, we have an incomparable stock of the recorded masterpieces of the past. Those who demand the best in jazz, whether it be original labels, reissues, or current items, quite naturally turn to us. Since the rarer items seldom come to us in duplicate, a detailed catalogue is not available but we invite you to submit your want list. We specialize in orders by mail. Established 1939.

THE **Jazz Man**

RECORD SHOP

6420 Santa Monica Blvd., Hollywood 38, California

DUKE ELLINGTON E SUA ORQUESTRA (*C.* 1935).

> 'STAMOS EM PLENO MAR... DOIDO NO ESPAÇO
> —O NAVIO NEGREIRO, CASTRO ALVES

o jazz
sua origem

No princípio do século XVII — ou para ser mais exato, no ano de 1619 — um fato aconteceu que iria determinar paralelamente uma das mais vergonhosas manchas e um dos mais genuínos padrões de arte que um país pode ter: procedente da África, o primeiro navio negreiro aportava em solo norte-americano.

Muitos se lhe deveriam seguir. Ao longo do século XVIII, cerca de 20 mil escravos negros seriam despejados anualmente nas plantações de tabaco, açúcar e arroz. Senhor da terra por direito de precedência, o índio não queria se deixar escravizar pelo invasor branco que dele se aproximava com a Bíblia na mão esquerda e espingarda na direita. Escalpos sangrentos iam marcando as trilhas de penetração, erigindo cruzes em torno das quais brilhariam mais tarde as grandes folhas verdes de fumo.

Mas eram precisos braços para a lavoura. Diante da resistência até a morte do pele-vermelha, o homem branco, em sua malícia, não hesitou em recorrer àquele que lhe parecia — e era — o mais indefeso dos seres, em sua inocente liberdade: o negro africano.

Com a expansão progressiva da indústria têxtil, o algodão veio substituir o tabaco no interesse dos plantadores sulistas. A terra e o clima eram propícios e os teares europeus tinham uma fome insaciável da rama bruta, com que vestir a classe média do Velho Continente. O século XIX vê nascer uma das mais fabulosas indústrias norte-americanas. As plantações se estendiam da Virgínia ao Texas, absorvendo a lavoura menor e deixando para trás o pequeno agricultor falido, aquele que iria transformando, à medida, no *poor white*, também chamado de *white trash*:[1] o *hillbilly*[2] das terras erosadas, largadas pela ganância crescente da "supremacia branca".

Nessas plantações imensas, num dramático contraste de cores, os escravos negros trabalhavam de sol a sol.

Era tudo uma bem dolorosa história. Primeiro, o arrancamento violento ao solo natal, à comunidade primitiva, à vida selvagem mais livre, já começando a apontar através da necessidade os caminhos de uma cultura própria.

Depois, a travessia dentro de porões apertados e infectos, os espancamentos constantes, a morte lenta por moléstia ou por melancolia.

Não era de surpreender que sofressem tantas doenças e morressem de tal modo, diz um cronista da época. Tinham largado a costa da África aos 7 de maio, estavam

1 A expressão, traduzida literalmente como "lixo branco", nomeia de modo depreciativo pessoas desfavorecidas social e economicamente.
2 O termo, que pode soar pejorativo, serve para designar indivíduos pouco instruídos e de modos simples, que vivem em regiões rurais e montanhosas dos Estados Unidos. O equivalente em português do Brasil seria "caipira".

ESQUEMA DE NAVIO NEGREIRO, EM QUE SE PODEM VER HOMENS ENFILEIRADOS COMO PEÇAS ESTÁTICAS. A MÃO DE OBRA ESCRAVA AFRICANA FOI O PRINCIPAL MOTOR DA ECONOMIA AGRÁRIA AMERICANA.

DESCRIPTION OF A SLAVE SHIP.

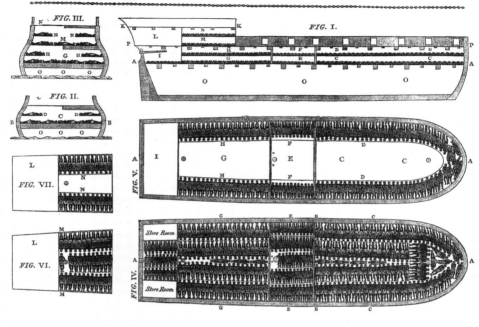

no mar havia dezessete dias e nada menos de 55 já tinham sido atirados fora, que tinham morrido de disenteria e outros males nesse curto espaço de tempo, apesar de terem deixado a costa em perfeita saúde. Verdade, muitos dos sobreviventes jaziam por ali na última prostração e num estado de imundície e miséria de não se poder olhar.[3]

A humilhação maior vinha mais tarde, nas partilhas e leilões em praça pública. O comprador branco chegava e apalpava a carne negra e nua, examinava as gengivas ao escravo. Tratava-se de uma coisa, não de um ser humano. Os anúncios falam uma linguagem mais eloquente:

"Uma família tão valiosa... como nunca se viu, consistindo em um cozinheiro de cerca de 35 anos, sua filha de catorze e um filho parecendo oito. O lote poderá ser em conjunto ou em parte, como satisfizer ao comprador."[4]

Na plantação, praticamente todos os direitos lhes eram negados. Sua função era transformar o ouro branco em amarelo, com que aumentar o poderio de seus senhores. Era-lhes vedado aprender a ler e a escrever. Sua ração era uma cuia de milho indiano. O valor das mulheres media-se por sua capacidade para procriar. O amo era o dono absoluto. Pelo menos é o que diz o bispo Meade,[5] da Virgínia, em seu livro de sermões recomendado aos pastores brancos que pregavam aos escravos:

[...] não considerais, eu vos digo, que as faltas cometidas contra vossos amos são faltas contra Deus, Ele Próprio, que a eles mandou em Seu lugar e que espera que proce-

3 Na primeira versão do texto (ver referências no fim deste volume), Vinicius dá a fonte da citação: "Cit. por L. Huberman, em *We, the People*".

4 Idem.

5 William Meade (1789-1862).

6 L. Huberman, op. cit.

7 Situada no sudeste dos Estados Unidos, Black Belt era a região em que se concentrava o maior número de habitantes afro-americanos.

dais para com eles como o faríeis para com Ele próprio...
Eu vos digo que vossos amos são os representantes de
Deus e que se estiverdes em falta com eles Deus vos há
de punir severamente no outro mundo...[6]

Chamavam-se Tom, Jim, John, ou um nome hebreu qualquer, tirado à Bíblia. O sobrenome? Às vezes o nome da plantação, ou o do próprio patrão. Desde a sua chegada, o negro é o mais ofendido e mais humilhado dos habitantes da América. Hoje, muitos anos depois de abolida a escravidão, cerca de 5 milhões numa população total de 15 milhões acumulam-se dentro desse tenebroso crescente sulista a que chamam Black Belt,[7] vítimas constantes do desprezo e da ferocidade de uma classe perfeitamente desumana. Entre 1882 e 1946, um número de 3425 negros deveriam sofrer morte violenta na mão dos linchadores brancos, com a mais completa aquiescência da Justiça, a não ser em dois ou três casos em que os culpados sofreram pequenas penalidades. A carne negra pendeu, sangrou, queimou, enlouqueceu na Geórgia, no Alabama, no Mississippi, no Texas, na Louisiana, no Tennessee.

Depois disso, é de estranhar que o negro norte-americano cante blues?

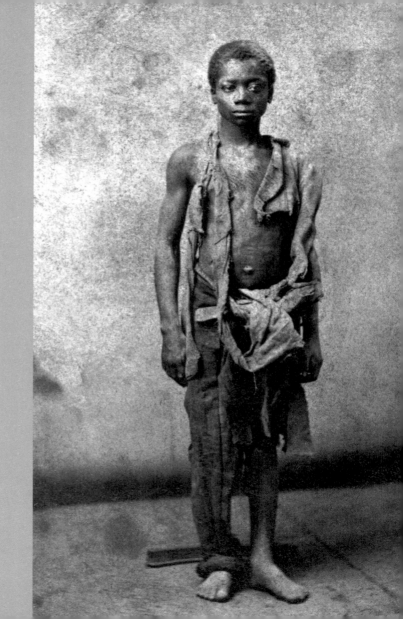

JOVEM ESCRAVO DURANTE A GUERRA CIVIL (C. 1860).

PÁGINA AO LADO EM LEXINGTON, KENTUCKY, ESCRAVOS SÃO VENDIDOS EM LOTE (1853).

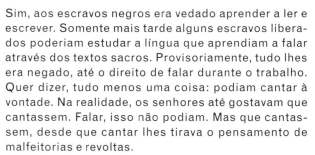Sim, aos escravos negros era vedado aprender a ler e escrever. Somente mais tarde alguns escravos liberados poderiam estudar a língua que aprendiam a falar através dos textos sacros. Provisoriamente, tudo lhes era negado, até o direito de falar durante o trabalho. Quer dizer, tudo menos uma coisa: podiam cantar à vontade. Na realidade, os senhores até gostavam que cantassem. Falar, isso não podiam. Mas que cantassem, desde que cantar lhes tirava o pensamento de malfeitorias e revoltas.

    Assim é que os negros puseram-se a cantar durante o trabalho nas plantações. De início eram cantos nativos da pátria longínqua, os ritmos instintivos de sua música — a única coisa de que o conquistador branco não os pudera privar. Essa era a herança africana que traziam ao serem depositados em solo americano. Possuíam já os rudimentos de uma cultura musical, de vez que todas as atividades na comunidade africana giravam em torno da música. Tinham seus instrumentos básicos, sobretudo as caixas de ritmo. Mesmo instrumento mais complexo, como a marimba, não lhes era estranho. Harmonizavam seus batuques com vozes corais e tinham neles o gênio da dança.

Proibidos de falar, cantavam. Cantando começaram a se comunicar uns com os outros. Todo um código vocal nasceu dessa limitação da necessidade de falar, hoje perdido, mas cuja história chega até nós. Foi este um dos primeiros sinais da revolta que nunca mais abandonaria o povo negro nos Estados Unidos. Quanta conversa de amor, quanta senha de aviso, quanto plano de fuga não deve ter corrido a pauta invisível estendida sobre o algodoal em flor! Que poder de inflexões novas não se devem ter acrescentado à voz crestada de sofrimento e revolta, nos solos, duetos e coros campestres!

Até que os primeiros rudimentos de inglês fossem absorvidos, todos esses cantos processavam-se em dialetos africanos. Trata-se da primeira transformação operada pela música africana em terra americana. Os escravos aplicam todos os seus conhecimentos vocais e melódicos, e sua habilidade para criar música, para um uso social. Tiram toda a vantagem da única liberdade que lhes é concedida: a de cantar. Quando começam a aprender inglês, já estão de posse de todo um processo de articulação vocal, africano na base, mas começando a criar uma estrutura diferente. As articulações e os ritmos já serão mais alongados, mais plangentes, mais surdos, de acordo com as distâncias vocais a vencer; por outro lado, as sustentações se suspenderão por mais tempo como para acentuar e transmitir melhor a mensagem cantada. Nada mais natural que, ao aprenderem inglês no texto dos hinos sacros, apliquem imediatamente o cabedal africano em processo de transformação à interpretação vocal desses cantos de igreja.

A única possibilidade de evasão que possuem, a música, vem se unir a uma, talvez, mais forte ainda: a religião.

O Céu é para eles tudo o que há de livre e belo, e Deus, o pai a um tempo severo e bom que lhes falta na terra. Posto que mais simples que a pompa católica, o cerimonial das seitas protestantes empresta-lhes esse senso de grandeza de que carecem em suas tristes vidas. O cristianismo imposto transforma-se para eles numa coisa de beleza e música. A história sacra fornece-lhes heróis de que precisavam para engrandecer a própria miséria. Em suas bocas os frios hinos presbiterianos mudam-se em eloquentes clamores espirituais. Espirituais: é bem a palavra. Esse é o nascimento do spiritual, a transformação negra dos hinos religiosos do Ocidente, a transferência da contextura africana para a música séria e monótona do protestantismo. Aos poucos as plantações se começam a encher de coros religiosos, mas os hinos atrás deles são irreconhecíveis. Desde já o senso de ouvido do homem negro é mais apurado que o do homem ocidental, apesar de muitos séculos de cultura que a este sobrelevam. A dinâmica rítmica é muito mais acentuada, e, sem comparação, mais perfeita — donde uma captação mais rápida e orgânica do compasso. Sua escala natural, a pentatônica — ou de cinco notas —, facilmente se adaptaria às injunções da escala diatônica ocidental, cobrindo a variedade resultante com uma facilidade que atinge as raias da criação. O negro está no seu elemento, e ao cantar pela primeira vez em inglês planta as raízes de uma nova forma de música, e certamente, a única forma de música considerável nos Estados Unidos: o jazz.

Temos pois o primeiro elemento da formação do jazz: o spiritual, manifestação caracterizadamente coletiva. Essa consideração é importante em face do que vem depois. A esse elemento se vem juntar um outro: o *work-*

song, a canção de trabalho, forma também coletiva de expressão vocal. O fato é que, frequentemente, durante a labuta diária, tinham os escravos que se haver com trabalhos que exigiam esforço de grupo, e ao se aplicarem em tais trabalhos, procuravam facilitá-lo por meio de articulações vocais com uma referência musical qualquer obediente ao próprio ritmo do trabalho em progresso. Teriam assim ritmos de carregar e descarregar — formas musicais de caráter eminentemente social.

A maioria desses spirituals e *work-songs* são anônimos e adquirem um número infinito de variações de passarem de boca a boca, de plantação a plantação. Em breve, todo o Sul negro canta spirituals. Mas se o spiritual satisfaz um anseio social — o de comunicação coletiva —, não empresta ao escravo triste e revoltado contra a própria miséria uma voz com que minorar sua tragédia individual. À noite, sentado à beira de sua choça, não serão os apelos de Deus — *O Lord!* — que apaziguarão no seu peito a sede de amor, de vida e de liberdade que o castiga mais e mais. Com o passar do tempo, a compreensão das coisas abre caminhos novos no seu pensamento e sua revolta torna-se mais aguda e pronta. Assim é que ele se põe a cantar só, não mais sobre as coisas do céu, mas sobre as da terra; não mais sobre o seu amor e temor a Deus, mas sobre o seu temor e desamor ao senhor branco que o escraviza; não mais hinos, mas doestos sentidos nos quais, de improviso, conta fatos de sua tristeza, de seu cotidiano, de suas esperanças, de seu labor, de seu amor à mulher que o tem preso. O negro canta para si mesmo, mas ao fazê-lo, exprime melhor o elemento positivo recôndito em sua tristeza: a revolta. Assim nasce o blues: manifestação individual,

ao contrário do spiritual, que atende à necessidade de comunicação em massa. O blues, segundo elemento na criação do jazz — e certamente o mais importante —, parece manifestar mais vivamente que qualquer outra forma jazzística o anseio de libertação que possui o povo negro nos Estados Unidos. Já tivemos ocasião de notar frequentes vezes, no curso de alguns anos e nas principais cidades norte-americanas, o efeito do blues sobre os frequentadores de um *nightclub* qualquer. A orquestra toca um swing ou um número de *dixieland*, ou uma peça de *bop*: está tudo muito bem; os *cats* (ou fãs de jazz) têm os seus *kicks* (prazer particular provocado pela música do jazz) e se entregam fisicamente aos ritmos em execução, com as expressões faciais, meneios característicos, compassos com os pés, as mãos e a cabeça, que identificam imediatamente o cultor ou o amador; ou se interiorizam na fria tensão dos mais sofisticados, dos mais intelectualizados, os que creem no jazz como uma religião e se deixam estar em suas mesas absolutamente impenetráveis, tendo os seus *kicks* em silêncio, os extáticos e estáticos, os *cold ones*, os participantes da deletéria corrente moderna de vida e filosofia que vem de Kierkegaard e Kafka, até Malraux, Sartre, Malaparte e seus novos discípulos, os criadores de nevroses, os fundadores de revistas que se chamam *Neurotica*, *Death Magazine*, *Furioso*, e inúmeras outras a exsudar o mesmo odor de morte.

Mas de repente a orquestra ataca os primeiros acordes de um blues, a atmosfera muda. Todos ouvem e se concentram. Sente-se a evocação em todas as faces, e o mistério da ligação do homem às suas origens, a dor de sua rebeldia, a vontade de se libertar, de ser, de

TRÊS ESCRAVOS ABISSÍNIOS (*C.* 1860). "DESDE A SUA CHEGADA, O NEGRO É O MAIS OFENDIDO E MAIS HUMILHADO DOS HABITANTES DA AMÉRICA", ASSEVERA VINICIUS.

crescer, a poesia lancinante que só a linguagem da música soube exprimir para o ser privado dos seus mais ínfimos direitos, menos o de cantar. Cabe citar aqui o que o Minor Hall, famoso baterista negro de Nova Orleans, que começou com Buddy Bolden e hoje integra a orquestra de Kid Ory, disse a Marili Ertegun: "O blues me faz sentir assim como se eu quisesse subir ao topo de um edifício de vinte andares e... me atirar de cabeça". Pois tal é a importância do blues para o negro norte-americano: a sua mais articulada voz.

O que é o blues? Como dissemos, a voz individual do negro dando forma a sua tragédia íntima. Musicalmente se pode dizer que é a melodia básica do jazz. A importância do blues primitivo na caracterização do conceito do jazz vem adquirindo cada dia maior relevo para os que estudam a forma dialeticamente, dentro da sua evolução e partindo do geral para o particular. É no blues que o negro começa a empregar consistentemente os elementos novos de sua criação, os valores melódicos resultantes de sua adaptação à nova pátria. Sua tristeza, sempre presente, empresta à forma esse elemento que a faz tão interessante: a *blue note*. A *blue note*, na frase característica do blues, outra coisa não é senão a bemolização de certas notas da escala, o seu abaixamento de meio-tom (geralmente a terceira e a sétima). Como tais notas são empregadas no blues tanto naturais quanto bemóis, frequentemente uma entonação diferente aparece entre elas, um "desvio" de modulação, se é que podemos dizer assim, que empresta à frase um valor ligeiramente dissonante com relação ao seu tom próprio. Este é o elemento característico do blues, embora não possa tampouco defini-lo. A definição do blues tem consistentemente escapado a seus melhores críticos e teóricos, pois a verdade é que se o blues é forma do jazz geralmente composta de três frases de quatro compassos cada uma — o chamado *twelve-bar blues* — ou blues a doze compassos — na qual incute a *blue note* —, por outro lado nenhuma rigidez existe na interpretação do blues que possa permitir a fixação de um conceito definidor. O blues cantado, e mesmo executado, tem fugido frequentemente às limitações do compasso, fluindo para fora da divisão da pauta. Qualquer tentativa de definição parece prender a frase melódica ao conceito diatônico da escala (dó-ré-mi-etc.), quando a sua verdadeira interpretação é fundamentalmente não diatônica. A interpretação diatônica do blues implica a sua dulcificação, cria o elemento *sweet* que permitiu o efeminamento do jazz e a sua comercialização. A interpretação não diatônica aproveitando melodicamente os intervalos, diminuindo ou aumentando a frequência de modulação entre as notas, *bluificando* certas entonações, libertando-se da obrigação tonal, exercendo um ritmo próprio, cria o elemento hot que é o sangue do jazz. Os verdadeiros intérpretes do blues sempre fizeram da frase melódica o que quiseram, emprestando-lhe novas sutilezas de tempo, novas variações de acentuação, novos valores tonais. Daí se pode dizer que o blues, como de resto todas as outras formas do jazz, é a voz por trás dele, seja ela a voz humana ou o seu prolongamento instrumental.

Essa diferença entre o jazz hot e o jazz *sweet* é da maior importância na caracterização da forma, e nada tem a ver com a pauta musical. Jazz é interpretação.

Se colocarmos a mesma pauta musical diante de um Duke Ellington e um Guy Lombardo, o produto resultante será diferente como a água e o vinho. Duke Ellington, apesar de seguir a pauta, dará a cada elemento de sua orquestra essa liberdade de criação sem a qual o jazz não existe. Tocará hot. Guy Lombardo escorregará sobre a pauta obediente à anotação diatônica, incapaz de aproveitar-se desses múltiplos elementos que existem

FAMÍLIA DE ESCRAVOS, PERTENCENTES A BENJAMIN W. FOSDICK, EM SAVANNAH, CIDADE LOCALIZADA NO ESTADO AMERICANO DA GEÓRGIA (1854).

8 Grupos de prisioneiros acorrentados uns aos outros para realizar trabalhos pesados. A punição era comum sobretudo no Sul dos Estados Unidos. Sua prática foi abolida no país em 1955.

misteriosamente entre cada nota, entre cada compasso, entre cada beat ou tempo, entre cada instrumento, entre esse grupo de instrumentos e um instrumento, entre aquele grupo de instrumentos e aquele outro grupo de instrumentos, entre o líder, sua dinâmica própria, sua atuação, seu modo de ser, e o grupo ou orquestra que o suporta. Num, o jazz tem dignidade. No outro, é uma das formas mais indignas que jamais existiram, pois é o aproveitamento comercial de elemento mais afirmativo da revolta de um povo.

Mas tudo isso faz parte do desenvolvimento posterior do jazz. Nesses obscuros inícios, o escravo-negro ao cantar blues nada mais fazia que dar forma aos seus anseios individuais, criando uma mitologia diversa daquela legada pelos spirituals. O rio, escoadouro do seu labor, passou a ser um elemento poético importante na improvisação dos versos, bem como tudo o que com ele se relacionava. Os trens e barcos, sempre passando, fixavam-se como uma forma simbólica de evasão, de libertação. As prisões, as famigeradas *chain gangs*,[8] viriam posteriormente fornecer um poderoso corpo de imagens à lírica do blues. Os cantos de prisão constituem um importante fator folclórico nesse entrelaçamento de formas que, à medida, foram estruturando a música do povo negro nos Estados Unidos e propiciando o aparecimento do jazz.

O blues consta geralmente de uma frase em quatro compassos que se repete, na qual o cantor expõe o objeto ou motivo da sua canção, contrastando com uma frase final, também em quatro compassos, onde estabelece uma resposta ou conclusão à premissa inicial. A repetição da primeira frase deve-se à necessidade de tempo para pensar a conclusão final, de vez que o blues primitivo era

ESCRAVOS EM PLANTAÇÃO DE BATATA-DOCE NA CAROLINA DO SUL (1862). VINICIUS ESCREVE: "CHAMAVAM-SE TOM, JIM, JOHN, OU UM NOME HEBREU QUALQUER, TIRADO À BÍBLIA. O SOBRENOME? ÀS VEZES O NOME DA PLANTAÇÃO, OU O DO PRÓPRIO PATRÃO".

improvisado pelo cantador. Este é o blues típico a doze compassos. Tomemos um exemplo conhecido:

I hate to see| that evening sun| go down...
I hate to see| that evening sun| go down...
Cause my baby| she done left| this town... etc.

Mas a verdade é que o blues não se prende necessariamente à forma em doze compassos. A plasticidade da linha dá margem ao cantor para grandes distensões. Daí a riqueza da forma e o seu extraordinário poder fecundante. O boogie-woogie, por exemplo, cuja criação formal atribui-se ao pianista Jimmy Yancey, outra coisa não é senão uma adaptação dançável do blues primitivo. O caso é que nas festas negras, onde à medida foi surgindo uma liberdade maior, para não dizer libertinagem, o blues deixou de ser música capaz de libertar a energia, a tensão, a carga sexual contida nos corpos — mesmo em se tratando de dança individual. Para expandir essa energia necessitava ritmo. E tal foi a grande inteligência de Yancey, de criar com a mão esquerda no teclado, sem fugir ao páthos especial do blues, uma nova forma que permitisse aos corpos se desincorporarem, por assim dizer: darem alforria ao desejo escravizado dentro deles.

O blues teve grandes intérpretes. Como não queremos aqui nos estender em considerações sobre as individualidades do jazz, reservando-nos mais tarde para um estudo particularizado da forma do qual este artigo é apenas o início, limitar-nos-emos a citar o nome da incomparável Ma Rainey, a verdadeira genitora do blues e que legaria o melhor do seu poder interpretativo à grande Bessie Smith — esta, sem dúvida, a mais completa

9 A troca de "the" por "de" é uma tentativa de representar o inglês vernáculo norte-americano. Trata--se de fazer a escrita se aproximar da pronúncia (não se trata, porém, de uma transcrição fonética). Experiências como essa têm uma longa tradição na literatura americana e mesmo inglesa, buscando-se, então, reproduzir variações linguísticas influenciadas pela posição social, meio, idade, entre outros fatores.

cantora de jazz até hoje aparecida, com especialidade de blues; e ao famoso Huddie Ledbetter — o "Leadbelly" como é vulgarmente conhecido —, figura cujo passado constitui hoje uma legenda entre o seu povo, criador e cantor de folclore e blues, intérprete sem-par, que nos longos anos de encarceramento teve em sua música o maior dos consolos. Ainda recentemente o seu "Good Night, Irene", criado na prisão, constituiu impressionante sucesso de venda nos Estados Unidos, comparável aos maiores hits da música popular americana. Mas de seus números o mais pungente é indubitavelmente o "Midnight Special", também criado no cárcere, e que traduz todo o anseio de liberdade dos prisioneiros — pois outra coisa não é o "Midnight Special" senão o trem da meia-noite, que deu origem a uma curiosa superstição entre os prisioneiros: a luz de sua locomotiva, ao iluminar à passagem uma das celas, constitui um bom augúrio para o encarcerado.

> *Let* de *Midnight Special*
> *Shine its light on me*
> *O let* de *Midnight Special*
> *Shine its ever lovin light on me...*[9]

No campo do spiritual, o número de bons intérpretes é ainda maior que no blues. A forma tem sido inclusive cultivada por grandes cantores de formação clássica, como Marian Anderson e Paul Robeson. Mas não é nestes que o spiritual ou o blues podem ser recuperados em sua pureza primitiva — é antes na interpretação de cantoras como Sister Ernestine Washington e Mahalia Jackson ou de grupos como os Georgia Peach. Isso sem falar em

intérpretes e grupos tipicamente populares, sacerdotes, cegos e mendigos, que em sua peregrinação chegaram a criar fama e dos quais existem hoje boas gravações — gravações estas que fazem a delícia dos puristas do jazz. "Blind" Lemon Jefferson é um exemplo característico desse tipo de cantor popular, e seus blues são considerados um dos pratos raros que o jazz pode oferecer.

Spirituals, blues, *work-songs*, *prison-songs*, *hollers* — todas essas formas, saídas umas das outras, vivem à base de um fenômeno que iria acontecer mais tarde e que daria criação ao jazz tal como ele é entendido nos dias que correm: seu encontro com outras músicas, de outras procedências, numa cidade situada perto do golfo do México, à margem do grande Mississippi — a cidade de Nova Orleans.

PÁGINA AO LADO
SENSUALIDADE
E PÁTHOS:
BILLIE HOLIDAY
(C. 1930).

PAUL ROBESON,
CITADO POR
VINICIUS COMO
UM CANTOR
DE SPIRITUAL
DE FORMAÇÃO
CLÁSSICA.

A KING OLIVER'S CREOLE JAZZ BAND (*C.*1922). JOE "KING" OLIVER FOI UM DOS POUCOS MESTRES DO ESTILO NEW ORLEANS, COMO OBSERVA VINICIUS. ALÉM DISSO, O "REI" INFLUENCIOU FORTEMENTE OUTRO GIGANTE: LOUIS ARMSTRONG.

Não poderia ter acontecido nem em San Francisco, nem em Chicago, nem em Filadélfia, nem em Nova York. Só mesmo uma cidade como Nova Orleans poderia ser o berço do jazz, porque nela deu-se o encontro de muitos povos e muita música, e porque ela foi um fabuloso centro de aventuras e prazer. Sim, porque desde que Napoleão concedeu essa notória — e por muitos considerada cretina — esperteza de vender o território da Louisiana aos Estados Unidos, isso que a História chama hoje de "Louisiana Purchase", tornou-se a cidade um fabuloso centro de pirataria, comércio, luxo e prostituição.

Nunca numa só cidade vigoraram tantos preconceitos. À medida que a civilização *creole* foi tomando incremento (por *creoles* compreendidos aqui todos os que tinham uma fração de sangue negro, representada em escalas de 1/4, 1/8, 1/16 etc.), fez-se nítida uma divisão racial, não só de brancos para *creoles* (estes mais facilmente aceitos que os negros), como de *creoles* entre si, na proporção da fração de sangue negro que tivessem, de *creoles* para negros, e naturalmente de brancos para negros.

Tudo isso é importante para a compreensão do fenômeno do jazz. A crescente prosperidade do elemento

TÍPICA FORMAÇÃO DE BANDA DE RUA EM NOVA ORLEANS, A CAPITAL DA MÚSICA NEGRA AMERICANA NA PRIMEIRA METADE DO SÉCULO XX.

10 Termo aplicado para definir a ancestralidade de pessoas miscigenadas, refere-se a indivíduos com 1/8 de ascendência africana, ou seja, um(a) bisavô(ó) africano(a) e sete bisavós caucasianos. Também existem, para definir outras proporções, os termos *quadroon* e *quintroon*.

11 "Hoje ele está tocando muito bem."

creole, por exemplo, facilitada pela cobiça do homem branco com relação às mulheres da casta (sobremodo as chamadas *octoroons*,[10] isto é, com 1/8 de sangue negro), deu margem a que se formasse entre eles um certo sentimento de cultura. Frequentavam escolas e tornavam-se, muitos, músicos exímios — pois Nova Orleans tornara-se um centro musical de primeira linha. Já com relação ao elemento negro, o autodidatismo continua a ser a única maneira que tem para criar música. Constroem eles, de início, os seus próprios instrumentos. Ossos, caveiras de animais, objetos de lata, tábuas de lavar: tudo o que servia para soprar dentro, bater ou raspar sobre, constitui um elemento com o qual o negro tenta prolongar seu canto e sua voz. Quando depois da Guerra de Secessão tropas errantes puseram-se a vender tudo o que tinham, inclusive os instrumentos das bandas militares, teve o negro a sua grande oportunidade para dar plena expansão ao gênio musical que levava a tocar música nos objetos mais primitivos, como os mencionados acima. Ele simplesmente pegava um trompete, e "soprava" — e aqui damos tradução literal a um verbo fundamental em linguagem de jazz, o verbo *to blow*, pois é comum se dizer que um músico de sopro está tocando muito bem com essas palavras: "He's blowing awful good today".[11]

Assim criou o negro o jazz americano. Quando o elemento *creole* começou a aparecer, foi do negro que recolheu os melhores elementos da improvisação. A estes o *creole* acrescentou, naturalmente, uma grande contribuição de cultura musical que lhe faltava, facilitando assim o desenvolvimento da forma para além de um caráter meramente primitivista.

As primeiras bandas de Nova Orleans formaram-se não só da intensa sede de divertimento que imperava na cidade, onde a prostituição atingiria limites nunca vistos, como do hábito que se foi formando de fazê-las acompanhar enterros, passeatas políticas e outros imprevisíveis. Tais passeatas e enterros eram em geral fartamente regados a álcool, com o resultado de terminarem em grandes entreveros — como aconteceu com a capoeiragem, nos princípios do samba no Brasil. Grandes músicos de jazz acariciam até hoje gloriosas cicatrizes desses áureos tempos.

Daí à formação de grupos comerciais — pagos especialmente para tais fins — foi apenas um passo. Um espírito orgânico de competição nasceu, que se deveria manifestar de maneiras por vezes curiosas. Um exemplo: subiam os músicos em carroças que eram arrastadas ao longo do famoso Tenderloin, o quarteirão das prostitutas de Nova Orleans, e sempre que encontravam uma carroça adversária eram elas amarradas uma à outra, e os músicos se punham a tocar até que uma facção derrotasse a outra, seja pela popularidade maior de seus números, seja pelo vigor da execução. O nome de *tailgate* dado ao trombone de jazz vem do fato de que o trombonista era obrigado a se colocar junto à porta traseira dessas carroças (ou *tailgate*), devido ao comprimento do pistão do seu instrumento. Como essa inúmeras são as curiosidades históricas que poderiam ser sublinhadas neste estudo, não pretendesse ele apenas fixar as verdadeiras origens do jazz para o leigo.

Pouca gente sabe, por exemplo, que a casa de prostituição de Nova Orleans é a principal responsável não apenas pelo piano de jazz, mas pelo seu maior gênio: Jelly Roll Morton. Solicitado para tocar em tais ambientes, teve Jelly Roll que adaptar seu instrumento ao clima íntimo de tais casas — de vez que as bandas de músicos não eram solicitadas por serem demais barulhentas. Ao mesmo tempo, sendo como era um músico consumado e habituado como estava à polifonia da banda, deu Jelly Roll um novo escopo ao piano, multiplicando-lhe as vozes, imitando dentro dele os recursos próprios a outros instrumentos, tornando-o enfim o mais plástico dos instrumentos de jazz.

O resto é, por assim dizer, história contemporânea. Da luta desses dois estilos, o negro e o *creole*, cresce o jazz. Mais tarde o elemento branco deveria apreender os principais elementos desses dois estilos e, com as facilidades econômicas de que dispunha, deveria explorá-lo comercialmente, criando uma fonte de riquezas de que o negro — pobre negro! — só raramente deveria participar. Os autores[12] desse artigo participaram, não há dois anos, de um recital feito com fins de colocar uma lápide no túmulo de Jelly Roll Morton, num cemitério de Los Angeles...

As formas posteriores de jazz, criadas pela organização das grandes orquestras, ou desenvolvidas posteriormente por umas poucas individualidades: o boogie, o swing, o *be-bop*, são mais conhecidas para que entremos detalhadamente no estudo de cada uma delas. Estas, como aquelas individualidades, farão parte de monografia sobre o jazz a ser feita com o cuidado e atenção que nos merece essa arte, que é fora de qualquer dúvida a maior contribuição nesse terreno da civilização americana ao mundo.

12 Quando da primeira publicação, o texto foi assinado por Vinicius de Moraes, Marili e Nesuhi Ertegun. (Ver referências no fim deste livro.)

O NASCIMENTO DO

spiritua

A ABOLICIONISTA AMERICANA HARRIET TUBMAN (PRIMEIRA À ESQUERDA, SEGURANDO UMA BACIA) COM UM GRUPO DE ESCRAVOS QUE ELA AJUDOU A RESGATAR DURANTE A GUERRA CIVIL.

13 O livro teve sua primeira edição em 1941.

Não têm sido poucos os estudiosos do folclore negro norte-americano a apontarem o spiritual como uma resultante do que chamam conformismo, a humildade natural, e em última instância a inferioridade do povo negro. Esta tese tem sido mais de uma vez desmentida por entendidos da qualidade de Russell Ames, John Lowell Jr. e Sydney Finkelstein. A lírica do spiritual, embora eivada dos elementos naturais de superstição e temor que acorrentavam o negro, fruto da sua ignorância, apresenta também esses sinais disfarçados de malícia e revolta que prosseguiriam sendo o tema constante da sua luta por se libertar da condição de oprimido.

Ao spiritual vem se juntar logo depois uma outra forma: o *work-song*, a canção de trabalho: expressão musical também coletiva. O fato é que durante a lida diária tinham os escravos que se haver com trabalhos a exigirem esforço de grupo; e ao se aplicarem em tais trabalhos, procuravam facilitá-lo por meio de articulações vocais com uma referência musical qualquer obediente ao próprio ritmo do labor em progresso. À medida, versos foram sendo improvisados, alguns dos quais mostram, melhor que qualquer outra seção do folclore negro, a revolta do escravo contra os senhores brancos. Ritmos de puxar e empurrar, de carregar e atirar, ritmos de construir — por toda parte no grande Sul — atestam a importância da contribuição do negro no levantamento econômico da região. "Ao ir criando a sua canção de trabalho, o negro desbravou a terra do Sul, cultivou-lhe as plantações, construiu-lhe as ferrovias, levantou-lhe represas, abriu-lhe as estradas", dizem John e Alan Lomax em *Our Singing Country*.[13]

CRIANÇAS TRABALHANDO COMO ESCRAVOS NA LAVOURA DE CANA-DE-AÇÚCAR EM NOVA ORLEANS.

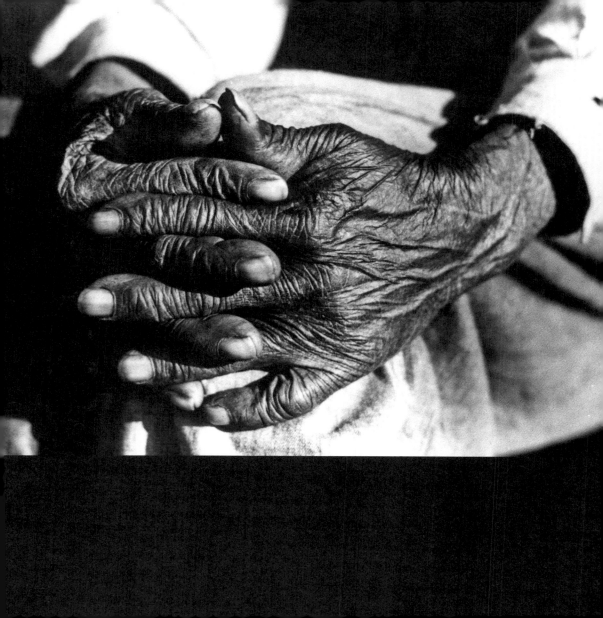

14 Grupo de trabalhadores, muitas vezes prisioneiros, que reparavam ou construíam estradas.

Sempre que trabalhava com um grupo de seus companheiros e um ritmo regular de trabalho se tornava possível, o negro cantava canções simples e altamente rítmicas, e cada machado, picareta ou ancinho descia em tempo certo. Quando colhia algodão ou fazia algum outro trabalho a que um ritmo regular não se podia adaptar, sua canção se suspendia e abaixava obediente à sua respiração livre ou curvada. As palavras dessas canções não se destinavam aos ouvidos de Deus ou dos senhores brancos. Nelas o negro não hesitava em dizer exatamente o que lhe ia no pensamento.

E continuam:

Tais canções eram cantadas por todo o Sul, onde quer que trabalhasse um grupo de negros. Com a chegada das máquinas, no entanto, esses grupos se desfizeram. As canções seguiram o que restava de tais grupos até o seu último refúgio, as *road gangs*[14] e a penitenciária. Para o Estado, a maneira mais proveitosa de lidar com os condenados no Sul era usá-los para o reparo e construção de estradas, fazê-los pagar o próprio sustento trabalhando nas grandes plantações. Esses homens afluem juntos de todos os cantos, trazendo canções — as "profanas" e os spirituals — em voga nas suas comunidades. São cantores, trabalhadores migratórios, catadores de algodão com guitarra a tiracolo soltos no mundo. São facilmente recrutados pelos homens que trabalham em grupo, pois tornam o labor mais fácil com adaptar-lhe o ritmo ao ritmo de alguma canção.

Mas foi na penitenciária que a música negra "profana" (o termo em geral aplicado a qualquer canção secular) melhor se concentrou e preservou. Ali os homens são sozinhos e dependem de si mesmos para se distrair e consolar. Essas

UMA HISTÓRIA
CONTADA PELAS MÃOS
CALEJADAS DE
UM EX-ESCRAVO
NA GEÓRGIA (1941).

condições são bastantes para produzir e cultivar canções. Em nossas visitas aos grandes campos de prisioneiros do Sul, meu pai e eu encontramos canções em abundância — blues, baladas, canções de trabalho, *hollers* —,* sempre carregadas da solidão melancólica da vida de prisão. O movimento dessas canções parece variar mais de acordo com a rapidez ou vagar do trabalho que com o estado de espírito dos cantores. Quando dirigem um preguiçoso comboio de mulas, o mais provável é que a canção seja dolente, ao passo que é mais certo cantarem coisas alegres ao cortar madeira. E o negro canta, mesmo sob o duro regime da penitenciária. Na realidade, algumas das mais notáveis canções do seu folclore parecem ter nascido na prisão.

Das canções de prisão, a mais conhecida e ilustre talvez seja "Midnight Special", imortalizada pelo grande Leadbelly (m. 1949). O grande baladista negro, cujo verdadeiro nome é Huddie Ledbetter e cuja vida se constitui em legenda entre o seu povo, canta-a com o verdadeiro teor da experiência de sete anos de encarceramento. "Midnight Special" outra coisa não é senão o trem especial da meia-noite, símbolo da liberdade e cujas luzes penetram às vezes a cela dos prisioneiros como um bom augúrio:

> *Let* de *Midnight Special*
> *Shine its light on me*
> *Let* de *Midnight Special*[15]
> *Shine its ever lovin' light on me...*

Hoje em dia esses spirituals, *work-songs* e *prison-songs* constituem um importante organismo musical no folclore

* O *holler*, ou *hollering song*, constitui um tipo negro especial de cantar. Antecipando o blues, consiste geralmente num terceto. O negro repete as duas primeiras linhas até criar a atmosfera própria da canção, e a última linha uma vez apenas. A tudo isso antecede e segue um prolongado queixume ou "*yodling*" ou grito. É um cantar de peito aberto, capaz de encher todo um campo e parece satisfazer a um anseio selvagem do trabalhador solitário. (N. A.)

15 No texto anterior, Vinicius cita esse verso iniciando-o por uma interjeição: "*O let* de *Midnight Special*".

GRAVURA DO *ILLUSTRATED LONDON NEWS* DE 16 DE FEVEREIRO DE 1861 MOSTRA UM HOMEM, UMA MULHER E UMA CRIANÇA SENDO VENDIDOS EM LEILÃO, CERCADOS POR HOMENS BRANCOS.

norte-americano. Prosseguem sendo cantados por baladistas da qualidade de Josh White, Burl Ives (negro), Woody Guthrie, Pete Seeger e outros. Os spirituals, embora na maioria das vezes desvirtuados de suas origens por harmonizações comerciais, são parte importante do repertório de grandes cantores de formação clássica como Marian Anderson e Paul Robeson, embora sua força primitiva esteja melhor preservada em interpretações como as da grande Ernestine Washington, Leadbelly, ou grupos corais como os Mitchell's Christian Singers e Georgia Peach.

CANAL STREET, EM NOVA ORLEANS (C. 1870). ALI ESTAVA "O MAIS PURO FILÃO AFRICANO", NAS PALAVRAS DE VINICIUS.

NOUVELLE--ORLÉANS: EH, LÀ-BAS!

O COMÉRCIO DE ALGODÃO EM NOVA ORLEANS RETRATADO PELO GÊNIO DE EDGAR DEGAS (*UN BUREAU DE COTON À LA NOUVELLE-ORLÉANS*, ÓLEO SOBRE TELA, 1873).

Não poderia ter acontecido nem em Nova York, nem em San Francisco, nem em Boston, nem em Filadélfia, nem mesmo em Chicago. Só poderia ter acontecido em Nova Orleans. Em primeiro lugar porque nela estava o mais puro filão africano. Desde os meios do século XIX criou-se em Congo Square, no coração da cidade, um curioso costume domingueiro: aos escravos era permitido o exercício de seus rituais em público. Ali cantavam seus cantos e dançavam *bamboula*. A expressão é até hoje conhecida: *dancer bamboula*.

Depois porque, à medida, a cidade se foi tornando um saco de gatos. Homens de todas as nacionalidades ali vinham mercadejar, frequentar as *octoroons* — as prostitutas *creoles* com 1/8 de sangue negro — e bater-se em duelo. Nunca em lugar algum do mundo, nem mesmo nos tempos em que os guardas de Richelieu batiam-se por dá cá aquela palha com os mosqueteiros do rei, morreu mais gente galantemente transpassada por espada e punhal ou perfurada por bala. A tradição de banditismo, boemia e pugilato cresceu com a cidade desde os tempos de dominação francesa.

Foi ela um ninho de piratas e um foco de revolucionários internacionais. O cultivado Sir Henry Morgan, e os fabulosos irmãos Lafitte, de Barataria, agiram em grandes condições em seu perímetro urbano. De um bandido fluvial,[16] o tremendo John A. Murrell, traficante de escravos, se diz ter nas costas "de trezentas a quinhentas mortes", negros com especialidade. Chevalier Tomasini, insigne cientista europeu, aprenderia pela ponta da espada de um indignado *creole* a não dizer que o Mississippi era um mero filete d'água perto dos rios do Velho Continente.

A jogatina era também geral. Cidade de não pequenos vícios, essa extraordinária Nova Orleans que deveria dar ao mundo uma forma musical de importância e contágio do jazz, e escravizar seus melhores intérpretes ao fascínio especial que exercia. Entre as expressões mais alucinadas do *voodoo*, tal como era praticado pelas "rainhas" Marie Laveau e Malvina Latour, vibravam guitarras espanholas e canções calipso. A grande Ópera trazia à foz do Mississippi os maiores maestros e coloraturas da Europa. Nova Orleans fez-se um centro musical de primeira água, onde o popular de muitos países se misturava ao clássico de tantos outros. Aristocracias mestiças criaram-se do poderio econômico de famílias, e os preconceitos raciais operavam em escala infinitesimal: de brancos para *creoles*; de *creoles* de 1/4 de sangue negro para seus semelhantes de 1/8; de *creoles* para negros: essa talvez a forma mais aguda dos prejuízos vigentes. A vendagem de mulheres *quadroons* por suas famílias era costume tão corriqueiro quanto o atual comércio da Coca-Cola. A cidade era dada a uma grande licença, e aí por volta do

16 A expressão deve-se ao fato de que o bandido John A. Murrell (ou Murel) atuava ao longo do rio Mississippi.

17 No direito francês, etapa que precede a negociação de um contrato.

fim do século os bordéis tinham ocupado literalmente toda uma zona de Nova Orleans chamada Vieux Carré e tornado famoso em todo o mundo o nome de Storyville, também conhecido como Tenderloin District.

A prostituição em Nova Orleans tomou seu maior impulso depois dessa grande e notória cretinice de Napoleão: a venda da Louisiana em 1803 ao governo dos Estados Unidos pelo preço de 15 milhões de dólares. O fundo histórico vem a calhar, pois ajudará a dar relevo a esse desenho rápido da cidade. O fato é que até 1800 tanto Nova Orleans como todo o território da Louisiana a oeste do rio eram propriedade da Espanha, já então decadente. Graças a um tratado assinado por Washington, a partir desse mesmo ano os norte-americanos adquiriram o direito de negociar através de Nova Orleans. Ainda nesse mesmo ano, Napoleão forçava a Espanha a ceder-lhe a Louisiana, e dois anos depois o porto de Nova Orleans era fechado para os norte-americanos. Para os Estados Unidos, o prejuízo era tremendo, pois Nova Orleans representava o escoadouro natural de seus produtos agrícolas. Nesse meio-tempo, os fazendeiros das regiões circunvizinhas, ante a ameaça da ruína, puseram-se a falar francamente em guerra para conservar o porto aberto.

Os Estados Unidos tinham então um dos seus maiores presidentes: Thomas Jefferson — um verdadeiro democrata e amigo da paz. Ordens foram despachadas imediatamente para o ministro Livingston, na França, no sentido de entabular *pourparlers*[17] para a compra da Louisiana. Como isso não lhe parecesse suficiente, Jefferson embarcou James Monroe como reforço diplomático às negociações. Mas o fator determinante da vitória norte-americana seria antes o fracasso superveniente do ditador ante a revolta de um povo colonial; o exército mandado por Napoleão para esmagar a revolução libertária de São Domingos, liderada pelo herói negro Toussaint L'Ouverture, voltava da expedição mergulhado em desonra. Novas expedições à América passaram a constituir um ponto de interrogação, de resto afastado pela ambição de prosseguir a guerra contra a Inglaterra. A probabilidade era que, mais forte no mar, a Inglaterra conquistasse eventualmente a Louisiana. Napoleão pensou... e resolveu vender.

Mas voltemos a Storyville e às suas famosas madames. Por volta de 1889, rara era a casa no bairro que não abrigasse uma prostituta. Tanto a zona como o métier tinham o seu *Baedecker*: o *Blue Book*,[18] pequena publicação que hoje constitui uma peça de colecionador e na qual vêm classificadas as mulheres, segregadas pela cor, e em número que se deve aproximar de um milhar. As especialíssimas *octoroons* são anunciadas em tipo maior, e o livrinho dedica numerosas páginas à estamparia dos *gorgeous dens*, *costly dining rooms* e *American parlors* de uma determinada Miss Arlington, 225 Basin Street, carregados de cortinas de veludo, *etagères* trabalhadíssimos, candelabros de cristal, sedas e brocados num verdadeiro delírio de art nouveau. O estilo dos anúncios varia bastante, a mostrar o tempero de tais senhoras. Mme. Emma Johnson, por exemplo, de 331/333 Basin Street, diz:

> *Better known as the "Parisian Queen of America", needs little introduction in this country. Emma's "Home of All Nations", as it is commonly called, is on place of amusement you can't*

18 Publicado em 1902, foi o primeiro guia dos bordéis de Nova Orleans, com cinquenta páginas e vendido por apenas 25 *cents* nas estações de trem e nos portos. Cf. Louise McKinney, *New Orleans: A Cultural History*. Oxford University Press, 2006, p. 110.

19 "Mais conhecida como a 'Rainha Parisiense da América', precisa de pouca apresentação no país. A 'Casa de Todas as Nações' de Emma, como é comumente chamada, é um lugar de diversão que você não pode se dar ao luxo de desconhecer. Tudo acontece aqui. Prazer é a palavra de ordem. O negócio prosperou de tal maneira ali, que a Mme. Johnson teve que criar um 'anexo'. Emma nunca tem menos de vinte jovens bonitas de todas as nacionalidades, todas artistas e inteligentes. Lembre-se do nome: Johnson. Aqui se fala francês."

very well afford to miss while in the district. Everything goes here. Pleasure is the watchword. Business has been on such an increase at the above place of late that Mme Johnson has to occupy an "Annex". Emma never has less than twenty pretty women of all nations, who are clever entertainers. Remember the name: Johnson. Ici on parle français.[19]

Se insistimos um pouco nestes detalhes que talvez pareçam imodestos a alguns poucos, é que, como veremos adiante, o bordel de Nova Orleans tem um papel relevante na criação do jazz. De um ponto de vista sociológico, é, por exemplo, um fator sine qua non no aparecimento e formação do piano de jazz. A impossibilidade de trazer a banda de jazz, muito barulhenta, para a intimidade dos bordéis a pedir música mais condizente não só insinua o piano como obriga os executantes a procurar no teclado todos os efeitos instrumentais a que estão afeitos. O enriquecimento do piano é imediato, e o fato de já ser naturalmente um instrumento rico facilita muito a sua expansão na mão dos intérpretes de talento. Por outro lado, o ambiente superexcitado do bordel, sua atmosfera específica, misto de galanteria e violência, transe e sordidez, poesia e náusea, sempre povoada de canções, doestos, crimes, acrescenta novos termos à lírica do jazz e ajuda a plasmar o temperamento dos seus criadores, em quem a manufatura do prazer passa a ser uma característica inconfundível — e o álcool, a mulher, a disponibilidade, a semostração, a bravata, traços cada vez mais marcantes.

À medida que as múltiplas influências alienígenas se vão ligando nesse forno nativo que é Nova Orleans, ganha o negro novos elementos que acrescentar à sua música. Polcas e mazurcas europeias são executadas lado a lado com melodias folclóricas, ritmos afro-cubanos, danças espanholas, canções calipso, coisas popularescas da França, da América Central e do Sul, de por aí tudo. Mas o fator negro — o mais orgânico — continua predominante. E é ele que irá propiciar, agraciado por todas essas contribuições, a música nova que se forma de uma multidão de azares históricos, econômicos e humanos.

Socialmente, troncos crescem de uma mesma raiz étnica que determinarão dois estilos de jazz da maior importância para a compreensão; a negra, mais presa à tradição africana; e a *creole* ou mestiça, onde os elementos da civilização ocidental branca são mais aparentes.

A civilização *creole* em Nova Orleans é, ao tempo do aparecimento da música que mais tarde se iria chamar jazz, um organismo em si dentro da cidade. Por volta de 1860, 400 mil *creoles* libertados ali vivem, brigam e se divertem a valer, enquanto cresce o poderio econômico da casta. Sua arrogância e privilégio crescem à medida que o cruzamento progressivo com os brancos lhes vai desgastando a pigmentação. As facilidades que um tal intercurso lhes traz são consideráveis, do ponto de vista social. Têm mais oportunidades de se educar melhor, e economicamente usam com a maior habilidade das prerrogativas que a descoloração lhes outorga. Tornam-se, alguns, seres refinadíssimos; outros, duelistas exímios; muitos, músicos consumados; a maioria, dândis alegres, sempre prontos para

*Nesuhi Ertegun tem o mesmo projeto de gravar para a sua marca, os discos Jazz Man, a mais famosa dessas bandas em existência, antes que o costume desapareça — a Memphis Stragglers Jug Band, grupo itinerante, praticando uma semimendicância, e originalmente de Montgomery. (N.A.) [Nenhum disco da banda chegou a ser gravado pela Jazz Man.]

o prazer e para a briga, grandes garfos para a comida inexcedível que recriaram da tradição africana.

A necessidade de música no negro é tão intensa, e tais os *kicks* que ela lhe proporciona, que não serão as contingências econômicas — antes pelo contrário! — que lhe irão coibir o gênio. E isso é verdade em qualquer lugar onde haja negros, não apenas em Nova Orleans. Não há quem não tenha visto no Brasil os negros baterem suas batucadas sobre caixas e latas de toda ordem, e os sambistas usarem a caixa de fósforos para marcar o ritmo de suas orientações ou interpretações.

Em Nova Orleans, as primeiras bandas obedeceram a essa mesma contingência. Sem o suficiente para comprarem seus instrumentos, eles os construíam do material mais à mão, canos, latas, caveiras de animais, tudo servia desde que se pudesse soprar dentro, bater sobre, ou chocalhar. Assim, se constituem os grupos que mais tarde seriam chamados de *spasm bands* e *jug bands* — estes, como é claro, pelo uso de frascos e garrafas como instrumentos de sopro. O costume se conservou até hoje, e em muitas cidades do Sul continua a ser cultivado pela gurizada pobre. Alguns chegaram a ganhar notoriedade,* e pelo menos um dos instrumentos usados, ou melhor, um dos objetos usados como instrumento: a *washboard* ou tábua manual de lavar roupa, continua a ser usado em algumas bandas que atualmente perseguem a tradição do *dixieland*, como a Lu Watters Yerba Buena Band e o grupo formado pelo trombonista Turk Murphy desde a sua separação de Lu Watters em 1949.

O período da restauração, em seguida à Guerra Civil do Norte contra o Sul, criaria uma contingência que muito iria auxiliar na criação do jazz. Tropas de Confe-

derados puseram-se a vender ou empenhar seus instrumentos por preços irrisórios. De repente o Sul viu-se cheio de trompetes, clarinetas, trombones, cornetas, piccolos, tubas, címbalos, tambores, tudo enfim que constituía uma banda militar do tempo.

Para o homem negro, foi a felicidade. Autodidata por pobreza, ele não se intimida diante dos instrumentos. Toma a corneta, o trompete, o trombone, *and blows*. Experimenta duplicar sua própria música através dos bocais. O resultado é surpreendente: os instrumentos soam muito mais como um prolongamento da voz humana transformada em novos sons, novos efeitos. A expressão dos metais é diferente daquela produzida pelas orquestras sinfônicas a perseguir a tradição ocidental. Trata-se aqui de uma verdadeira redescoberta dos instrumentos, pois o único professor que tem é a própria intuição musical, a própria paixão pelos ritmos e melodias que trouxeram consigo da costa africana, e que foram pouco a pouco transformando. Dentro de uma tal liberdade, alargam-se os horizontes de cada instrumento. Efeitos como o vibrato, usado parcimoniosamente nas orquestrações brancas e conscientemente evitado pelos cantores, são instintivamente buscados pelos dedos nas válvulas para aumentar a emoção dessa música sem peias. Todos os ritmos dançáveis e cantáveis que usavam em suas festas ou cerimônias, buscam se exprimir de formas novas. Muda-se a fisionomia dos instrumentos com adoção de uma personalidade sem cânones musicais. O trombone especialmente desenvolveu-se num sentido mais importante e complexo, justificando o escopo que iria ter na banda de jazz.

O AVÔ, ANTIGO
ESCRAVO,
COM SEU NETO
JÁ NASCIDO
LIBERTO (1930).

Ao contrário dos negros, e mais libertos das circunstâncias que a estes oprimem, os *creoles* aprendem músicas em Nova Orleans pelos métodos ocidentais e se tornam alguns musicistas exímios. Mas a herança africana está neles presente, e apesar dos preconceitos vigentes, quando as primeiras bandas — as *brass bands* — se organizam para atender comercialmente à vida alegre e intensa da cidade, uma fusão tem lugar entre os dois troncos étnicos. Músicos negros e *creoles* começam a tocar juntos, a se influenciar mutualmente e a emprestar uns aos outros modismos próprios. Cidade louca, possuída de uma intensa sede de divertimento, Nova Orleans dá emprego fácil às bandas que se formam por toda parte. As *brass bands* são requisitadas para toda sorte de funções — casamentos, celebrações, acontecimentos políticos, campanhas eleitorais, funerais: lá estão elas à frente, fazendo soar militarmente os seus metais e tambores com marchas tradicionais francesas e composições novas de mil diferentes origens.

De início, o fator econômico separa as duas correntes. As bandas negras são alugadas pelas classes menos favorecidas, e as *creoles* pela burguesia rica e remediada que se forma. O importante é que, de repente, ser músico passa à categoria de profissão. A procura cria a oferta. Bandas de todos os matizes se vão formando e o repertório de marchas aumenta, zonas de influência começam a aparecer dentro da cidade, e com elas as primeiras rivalidades entre grupos. Essas rivalidades resolvem-se, eventualmente, em terríveis brigas depois das quais um ou dois mortos ficam a jazer — e a fratura é coisa corriqueira. O período, neste particular,

* O chamado *tailgate trombone* (trombone de vara) tirou o seu nome da situação do trombonista dentro dessas carroças. Tinha ele que se colocar junto à parte de trás, a que abre (ou *tailgate*), de maneira a poder manejar livremente o *slide* ou vara do instrumento. (N. A.)

** Frequentemente as carroças eram amarradas umas às outras de modo a não haver dúvidas sobre o resultado desses desafios. O grupo vencedor reinava soberano depois de ter humilhado musicalmente o seu adversário. (N. A.)

lembra os primórdios do samba no Rio de Janeiro, na época da formação dos "cordões", quando os encontros entre grupos davam por vezes lugar a sangrentos entreveros entre capoeiras de fama.

Mas mesmo tais brigas têm sempre o elemento musical a alegrá-las, a emprestar-lhes uma natureza antes dionisíaca. Em Nova Orleans, onde a carroça começa a ser usada para transportar os músicos,* ferem-se essas batalhas depois de longas rinhas musicais entre duas carroças que se encontram em plena rua,** ou grupos a pé, vindos de tocar em funerais. Muitos dos músicos de Nova Orleans ainda acariciam com saudade gloriosas cicatrizes desses áureos tempos.

Ao contrário do que se pensa, as bandas de música brancas em Nova Orleans eram comuníssimas. Talvez não nesses puros inícios de banda de música, que se forma através de contingências econômicas às quais o homem branco não estava geralmente sujeito. Mas, à medida, os brancos aprendem com negros e *creoles* a tocar à sua maneira, e quando os novos ritmos se tornam dançáveis, os grupos são, naturalmente, os mais *fashionable* entre a sociedade local. Essa interpretação étnica é de grande importância no estudo social do jazz, pois veremos que com o passar do tempo a forma adquire caracteres cada vez mais nacionais, de arte norte-americana. As raízes africanas, e a contribuição estrangeira, dão lugar à expressão nacional.

I THOUGHT I HEARD BUDDY BOLDEN SHOUT...

A mais famosa banda de Nova Orleans ao tempo foi indubitavelmente a do trompetista negro Buddy Bolden. Até onde é possível ver, foi também a primeira a usar a nova linguagem musical de maneira organizada, e com inteiro sucesso popular.

> "Buddy é a causa de tudo", diz irritado o violinista *creole* Paul Dominguez a Alan Lomax. [cit. in *Mister Jelly Roll*, por Alan Lomax, Duell, Sloan, & Pearce, Inc., Nova York] "Foi ele que fez esses rapazinhos *creoles*, homens como Bechet e Keppard, terem um estilo diferente do de velhas praças como Tio e Perez. Eu não sei como é que *eles* faziam [meu grifo], mas c'os diabos, eles faziam. Não podiam ler nada do que estava lá no papel; mas tocavam por demais..."

Buddy Bolden era, como demonstra a irritação de Dominguez, um negro. "[...] o trompetista mais poderoso que eu já vi", diz Jelly Roll Morton no mesmo livro. Integral boêmio, é recordado de camisa aberta ao peito para que as raparigas pudessem ver a camisa de meia de flanela vermelha que usava por dentro — e cheio de uísque e música. Tocava nas seções mais perigosas do Tenderloin, e quando soprava todo mundo ia atrás do som de seu trompete. "Ele virava o trompete para o lado da cidade e tocava seus blues, chamando seus filhos para dentro, como costumava dizer" — acrescenta Jelly Roll. E acrescenta: "*He was blowingest man ever lived since Gabriel*".*

Bolden era barbeiro de profissão e publicava, eventualmente o que se pode chamar um "gossip sheet", um jornalzinho cheio de comentários maliciosos destinado às prostitutas e aos jogadores. Mas seu grande patrimônio era o trompete. Todos os velhos músicos de Nova Orleans são acordes em dizer que nunca um trompete tocou com mais poder a oeste do Mississippi.

Um outro fato que ajuda a sublinhar a importância de Buddy Bolden na crônica do jazz é que ele foi um tremendo promotor de bailes — e a dança tem um papel de enorme relevo na organização dessa nova música.

*To blow — soprar. O verbo passou a se aplicar ao simples fato de tocar jazz em qualquer instrumento de sopro. "*He's really blowing tonight*", dizem os músicos, ou os *cats*, de algum instrumentalista, quando está tocando especialmente bem. A deliciosa frase de Jelly Roll se refere, naturalmente, ao anjo Gabriel. (N.A.)

A REALEZA NEGRA DA KING OLIVER'S CREOLE JAZZ BAND.

tarde de jazz

Há coisas na vida de que a pessoa nunca mais esquece, gênero primeiro beijo da namorada, dia da formatura etc. Se eu fosse homem de ter diário inscreveria o dia 22 de julho de 1947 como uma data memorável.

Foi pura sorte minha. Estava em minha casa, em Hollywood, longe de qualquer pensamento de música, quando José do Patrocínio Oliveira, o famoso Zé Carioca dos sete instrumentos, telefona-me dos estúdios de Sam Goldwyn.

— Você quer ouvir alguns dos maiores músicos americanos gravarem? Se quiser, vem depressa. Vai começar em quinze minutos.

Em dez, estava eu lá. Zé Carioca esperava-me no portão de entrada e foi me levando para dentro, esfogueado:

— Menino, uma coisa louca! Nunca pensei que fosse escutar tanta, tanta gente boa ao mesmo tempo! Estou completamente esfumaçado!

No grande estúdio reconheci de saída Louis Armstrong, sentado, experimentando o trompete. Um pouco adiante, Benny Goodman, sério, a clarineta debaixo do braço. Mais para lá, Lionel Hampton acendia um cigarro, e tirava, sorridente, uma tragada. Ao seu lado Barney Bigard limpava com o lenço os óculos escuros. Vindo em nossa direção, com um andar displicente, o grande baterista Zutty Singleton. Quietinha a um canto, numa cadeira, reconheci a cantora Sarah Vaughan, a última maravilha negra americana (confere, doze anos depois, com sua apresentação no Fred's), cujos inícios tinha acompanhado como o mais fiel dos fiéis, um ano antes em Nova York. Fui saudá-la.

— Você vai cantar com todos esses *bigs*, Sarah?

Ela balançou a cabeça com aquele seu jeito triste:

— Não! Vim só para ouvir. Como você.

Sentei-me ao seu lado enquanto via o violonista brasileiro Laurindo de Almeida corrigir qualquer coisa na parte musical que Louis Armstrong tinha diante dos olhos, e ouvi depois que riam muito de um comentário qualquer que haviam feito. Zé Carioca passava como um doido, para lá e para cá, no meio de todos aqueles "cobras" do jazz americano. Só Benny Goodman parecia preocupado, e perguntei a Sarah se ela sabia por quê.

— *He's mad because Tommy Dorsey is late, as always, for the rehearsal.* (Ele está furioso porque Tommy Dorsey está, como sempre, atrasado para o ensaio.)

Palavras não eram ditas, entra Tommy Dorsey e vai diretamente a Benny Goodman. Vejo-os que se falam com veemência, em tom pouco amistoso. Mas as coisas serenam e dentro em breve colocam-se todos em suas posições. Nesse meio-tempo entra o Golden Gate Quartet, que viera também só para ouvir. Houve uma pausa. Depois Benny Goodman bateu três vezes com o pé e o negócio ferveu.

Basta dizer que só saí de lá às oito da noite, porque, depois do ensaio para a música do filme, o Golden Gate Quartet deu gratuitamente um show para seus colegas e nós todos. Uma pura maravilha.

Foi pena que não tivesse estado no dia seguinte, quando Zé Carioca me contou que depois de muito altercarem, Tommy Dorsey e Benny Goodman se atracaram, mas a turma do deixa comigo entrou rápido em ação e a confraternização resultou num pileque geral do qual resultou, segundo ele, uma das melhores jam sessions da história do jazz.

JELLY ROLL MORTON E SUA RED HOT PEPPERS (1926).

Escreve-me uma simpática leitora, pedindo-me que lhe diga o que é jazz. "Já li opiniões suas em vários lugares, e agora no livro do Sérgio Porto, mas não chego a perceber direito quando uma música é jazz e não é jazz."

Jazz, minha querida amiga, é autêntico. Eu gosto sempre de citar a resposta dada pelo grande Louis Armstrong a um repórter que lhe fez a mesma pergunta: "— *Man, if you ask, you never gonna know...*" (Companheiro, se você perguntar, é que nunca vai saber...). Mas, na realidade, a resposta do prodigioso não responde nada, a não ser num plano muito alto que não convém trazer à baila. Vou tentar dizer-lhe o que é jazz. Jazz, de início, é tudo o que não é Bing Crosby, Frank Sinatra, Doris Day, Johnnie Ray, Dick Haymes, Dinah Shore, Jo Stafford, Billy Eckstine. Jazz, por outro lado, é qualquer nota que saia do trompete de Louis Armstrong, ou de suas cordas vocais. É qualquer trecho de qualquer peça do criador de boogie, o fabuloso Jimmy Fancy. É a clarineta de George Lewis em sua maravilhosa simplicidade ou a de Jimmie Noone e Johnny Dodds. É o piano do imortal Jelly Roll Morton, a bateria do teurico [sic] Zutty Singleton, o modo interpretativo de uma Bessie Smith ou de uma Billie Holiday. Isso é jazz, é a inflorescência dos cantos religiosos negros, a que se chamam spirituals em cruzamento com o blues..., as canções de prisão e todo o demais folclore negro americano, graças à boa terra de Nova Orleans, onde se misturavam ritmos europeus e afro-americanos dançáveis. Jazz é a voz solitária ou polifônica da revolta, da sensualidade, do páthos dos negros e se prolonga através de instrumentos musicais desobedientes a tudo o que não seja espontaneidade, invenção, improvisação.

Jazz não é nunca George Gershwin, Cole Porter, Hammerstein I ou II. Jazz, minha amiga, é justamente esse galo que você ouviu cantar e não sabe onde.

jazz
panorama

PREFÁCIO AO LIVRO DE JORGE GUINLE

De Jorge Guinle posso dizer que ninguém no Brasil, e muito pouca gente no mundo, possui a sua cultura e o seu cabedal jazzístico. Já em Nova York e Los Angeles, onde por várias vezes saímos juntos à cata de bom jazz, pude sentir-lhe nas conversas, no trato com os músicos negros, entre os quais temos grandes amigos, e na contensão de autêntico *cat* com que ouvia os números, a real paixão desse homem delicado pela música áspera e sofrida com que os negros americanos deram ao mundo uma das mais importantes contribuições culturais de que há notícia, no campo da música folclórica e popular.

LOUIS ARMSTRONG,
1956.

Alguns amigos comuns, como ele *cats* integrais, com justiça acusam-no de um certo ecletismo, que pode parecer prejudicial, dentro de um critério rígido de julgamento do que é e não é bom jazz. Pois na verdade, na história da evolução do jazz, apenas um estilo apresenta características capazes de defini-lo como uma forma imortal: o estilo New Orleans, tal como foi executado por uns poucos mestres, entre os quais realçam Bunk Johnson, King Oliver, Jelly Roll Morton e Louis Armstrong. Os outros estilos, o chamado estilo Chicago, inclusive, são ainda formas precárias; e embora este último contenha elementos de autenticidade capazes de garantir-lhe a permanência (visíveis, por exemplo, em algumas das gravações realizadas pelo crítico francês Hugues Panassié com o grupo Mezz Mezzrow), ninguém pode em sã consciência afirmar que o estilo está destinado a ficar, como é indubitável, com o jazz New Orleans.

Já no caso do chamado jazz "swing" (o jazz das grandes bandas do bom período 1930-1940, entre as quais sobrelevam as de Duke Ellington e Jimmie Lunceford, e onde os elementos orquestrais começam a retirar ao jazz a sua crispação polifônica própria e a emasculá-lo com a introdução de certas formas fáceis de sofisticação do tempo), é possível ter mais os pés na terra. A sua permanência será sempre condicionada pelo seu elemento "dançável". No caso do *bop* e do *new sound* não quero tocar, pois, parece-me, constituem apenas uma procura de caminho dentro de um insolúvel impasse. Admito — e eu próprio gosto de ouvir eventualmente a música fria e fragmentária de um Venturo[20] ou de um Tristano[21] — que se goste do "cool jazz", mas

20 Embora seu nome de batismo fosse Charles Venturo, o saxofonista ficou conhecido como Charlie Ventura.

21 Lennie Tristano, pianista.

a impressão real que tenho é de que ele nada mais é que uma tentativa de abstratizar o jazz, dentro da atual fórmula absenteísta; uma tentativa de despojá-lo do páthos e da revolta que lhe são intrínsecos, de torná-lo erudito e ajustável ao sentimento exangue, obscurantista e elíptico da arte moderna tal como é praticada pela grande maioria.

Jorge Guinle sabe, evidentemente, que nenhum jazz é melhor que o de Nova Orleans, e que um Charlie Venturo não vale um Sidney Bechet, nem um Tristano vale um Yancey diante da eternidade. Creio mesmo que sua extraordinária disponibilidade nada mais seja que um aspecto cordial do grande amor que devota ao jazz, de que é prova este livro cuidadoso e útil. De qualquer modo, só resta louvá-lo por este trabalho pioneiro no Brasil.

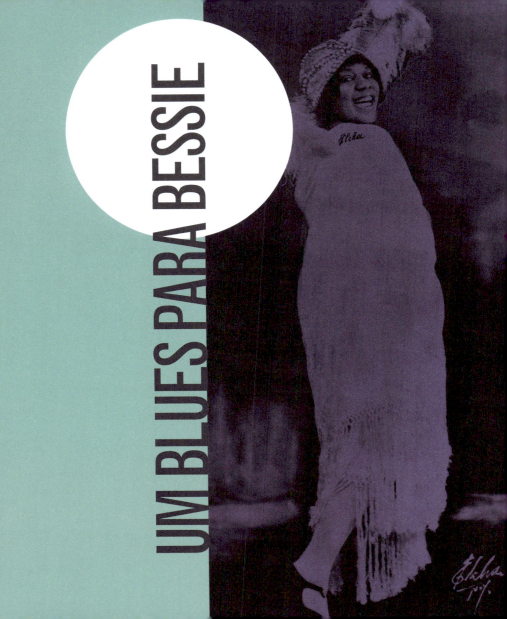

UM BLUES PARA BESSIE

Quando hoje se fala que Bing Crosby, Billy Eckstine, Frank Sinatra ou Sarah Vaughan constituem vendas fabulosas de discos, não se tem ideia do que vendia a fabulosa Bessie Smith, ou seja, a maior cantora de blues de todos os tempos. Bessie era uma negra grande e gorda, com uma linda dentadura e uns lindos olhos de veludo. Aprendeu o melhor do seu estilo ouvindo sua mestra e única rival, a grande Ma Rainey, e naturalmente o bom jazz negro da época. Chamavam-na a "Rainha do Blues", porque ela realmente o era. Foi um dos seres mais apaixonados, livres, sensuais, de que há notícia. Sua voz é, frequentemente, pura carne.

Bessie enriqueceu muitos homens brancos, que a agenciaram e gravaram. Seu sucesso não tem precedentes na história do jazz. Suas antigas vendas continuam recordes. Os frequentadores e ouvintes taravam com o seu timbre quente, ora eufórico, ora triste; os seus ataques libertinos; os seus miados roucos e expectantes; a súbita alegria inocente que parecia, de súbito, iluminar-lhe certas frases. De resto, sua influência sobre a grande maioria das cantoras de blues que a sucederam foi enorme e não somente sobre estas; muitos instrumentalistas fizeram tudo para reproduzir-lhe o modo interpretativo.

Em 1937, Bessie Smith viajava pelo Sul dos Estados Unidos quando ocorreu um acidente com o seu carro. Gravemente ferida, a cantora sangrava abundantemente e foi preciso levá-la correndo para o hospital mais próximo, que se recusou a recebê-la porque Bessie era negra e aquele era um hospital só para brancos.

Sua morte, proveniente da hemorragia, deu-se a caminho de um hospital para negros.

BESSIE SMITH, A "RAINHA DO BLUES", CUJA MORTE CONSTITUI UM DOS CAPÍTULOS MAIS VERGONHOSOS DO RACISMO AMERICANO.

BALADISTAS AMERICANOS

De minha permanência nos Estados Unidos, tive a oportunidade de conhecer pessoalmente vários baladistas americanos (Woody Guthrie, John Jacob Niles, Josh White e Burl Ives), mas só ao último, depois de esplêndida conversa em casa da atriz Margo e seu marido, o ator Eddie Albert, liguei-me de amizade. Isso não quer dizer que não sejam, cada qual a seu modo, todos muito bons. Guthrie, talvez o de estilo mais seco, é baladista ultrapuro e despojado, cantando somente coisas genuinamente *folksy*; John Jacob Niles, eu já o tinha descoberto antes de minha ida para a América do Norte, através de um álbum de discos que fazia a nossa delícia dominical, ao tempo em que o nosso grupo bicicleteava aos domingos em Copacabana; seu "Who Killed Cock Robin" nos transportava, a Rubem Braga, a mim e a nossa amiga Judith, então Cortesão. Quanto a Josh White, baladista negro, possivelmente o menos puro de todos mas um excelente intérprete de blues, fizemos boa cupinchagem em Los Angeles, e ele me ensinou mesmo uma rara baladinha do seu repertório sobre Franklin Delano Roosevelt — um homem adorado pelos negros americanos — que é uma das coisas mais lindas que já ouvi: "The Man Who Couldn't Walk Around". Já o tinha escutado em Nova York em companhia de Jayme Ovalle e Fernando Sabino, no famoso Café Society Downtown em 1946, numa ocasião em que era cartaz principal de um show cujo segundo artista era o pianista boogie Pete Johnson, e o terceiro, a cantora negra Sarah Vaughan, então apenas começando. Por aí se pode ver que show!

Mas Burl Ives era outro negócio, Burl Ives era uma beleza de ser humano, uma espécie de Antônio Maria americano, homem de quase dois metros de altura por quase um de largo, um bom gigante que fizera os Estados Unidos em lombo de burro, violão na mão, aprendendo e cantando o melhor folclore por anos a fio na vagabundagem mais lírica que já me foi dado conhecer. Um repertório que era uma maravilha, o seu servido por sua voz simples como uma fatia de pão com um copo de vinho.

Esse foi, sem dúvida, o mais completo baladista que já ouvi na minha vida. Começando pelos elisabetanos ingleses, Burl Ives podia destrinchar qualquer balada ou peça folclórica em língua inglesa, cantando com rara graça e bonomia o melhor da canção rural americana, coisa difícil, pois verdade seja dita, o *cowboy song*, suas interpretações de "Black Is the Colour of My True Love's Hair" ou "Peter My Son", restarão inesquecíveis para mim.

jazz

&cinema

não são muitas muitas as "sensações de 1945"

CAB CALLOWAY
COM SUA BANDA.

*S*ensações de 1945 [*Sensations of 1945*], produção da United Artists, com Eleanor Powell e Dennis O'Keefe é mais um musical, apenas sem atrativo. Ainda outro dia conversava eu com meu amigo de São Paulo, Batista da Costa — o homem que melhor conhece jazz —, e constatávamos com pesar como se vem descaracterizando cada vez mais a música americana hot. Mesmo os melhores não estão fugindo às armadilhas do sucesso fazendo todos boquinha para o gosto fácil do público. Há naturalmente os intransigentes, os que lá nos Estados Unidos só executam e cultivam o mais puro hot; mas, infelizmente, não é o que nos mandou Hollywood, Hollywood nos manda Woody Herman, de teor sofisticado, com aquelas dissonâncias desonestas, e Cab Calloway, um chefe de orquestra de talento mas que o sucesso deixou impossível de cabotinismo. Dos seus antigos "hai-de-hai-de--hai-de-hou" para sua última algaravia vocal vai muita concessão. Em todo o caso Cab Calloway é um espetáculo de energia musical negra, embora já bastante falsificada. Ele obriga o ouvinte a participar do seu atlético dispêndio de força como regente, de que, a bem julgar, resulta a sua velha bossa de *old-timers* ao show. Há uns números de circo consideráveis, sobretudo o de equinobrista, realmente esplêndido. O cavalo dançarino, na nossa opinião, dança muito melhor que Eleanor Powell, que continua a girar mostrando, a cada giro, o seu *facies* de caixote de madeira e eternas meias pretas que não conseguem, ai dela, acrescentar-lhe nada.

A melhor coisa do celuloide é a mostra técnica dada pelos dois pianistas negros da orquestra de Calloway; uma mostra impura do ponto de vista do jazz, mas de grande virtuosismo. Não; Miss Powell é muito... Powell demais. É uma moça que roda muito demais, ri muito demais e tem uma expressão muito ferroviária demais para mim. Em todo o caso, para quem gosta de animação, garotas bonitas *jitterbug*[22] etc., o filme serve.

22 Dança — ou conjunto de danças — acompanhada pelo swing frenético das *big bands*, quando os casais, a partir de movimentos básicos, davam pulos, saltos e chegavam a movimentos acrobáticos. O *jitterbug* gozou enorme popularidade nos Estados Unidos dos anos 1930 e 1940.

TÍPICA JAM SESSION, COMO AS TESTEMUNHADAS POR VINICIUS EM SEU PERÍODO AMERICANO.

jam session

CARTAZ DO FILME
A CANÇÃO PROMETIDA
(1948), COMÉDIA
MUSICAL EMBALADA
PELO SOM DE
LOUIS ARMSTRONG,
BENNY GOODMAN
E TOMMY DORSEY,
ENTRE OUTROS.

23 Reproduzo aqui as informações de Leonello Tesser, o Nelinho, frequentador do Avenida Danças: "Era um *taxi-dancing*, ficava na avenida Rio Branco esquina com a rua Aurora, do lado direito da Rio Branco, no sentido cidade-bairro (hoje lá está um posto de gasolina, ao lado do 3º Distrito Policial). A parte musical ficava a cargo do conjunto dirigido por Tobias Troisi e da orquestra de Silvio Mazzuca, que se revezavam a cada uma hora. Ao entrar na casa, recebíamos um cartão com sessenta quadrinhos, cada um representando um minuto de dança; quando tirávamos uma dama para bailar, ela controlava o início, e, quando decidíamos parar, ela levava o cartão a um funcionário que ficava ao lado do salão e ele então perfurava os quadrinhos de acordo com a informação da dançarina quanto aos minutos gastos na dança (às vezes, se a dama nutrisse algum sentimento afetivo pelo parceiro, ela omitia alguns minutos para economia do cavalheiro). Cada minuto valia Cr$ 1,00 (um cruzeiro). Ao sair, passávamos pelo caixa para efetuar o pagamento dos minutos perfurados e entregar o cartão ao porteiro, que autorizava a saída (se o cartão fosse perdido pelo cliente, a casa cobrava o total; assim, tínhamos que conservá-lo com cuidado; havia bailarinos que gastavam mais do que um cartão, e nesses casos era necessário efetuar o pagamento

Como esse negócio de "como se comportaria no cinema" já deu o que tinha de dar — a não ser que os leitores me queiram apresentar boas sugestões que eu, honestamente, prometo desenvolver em crônicas futuras —, vou me permitir hoje uma pequena digressão que tem a ver com o jazz. Ela me ocorre a propósito de uma jam session (reunião de músicos de jazz para tocarem juntos e à vontade) a que fui assistir sábado à tarde, no Avenida Danças,[23] com alguns *jazz men* brasileiros e alguns membros da orquestra de Tommy Dorsey,[24] entre os quais sobreleva o saxofonista Sam Donahue — um bom instrumentista branco, o que não quer dizer grande coisa em jazz. Mas Donahue, em seu gênero, é dos melhores — e se a atual orquestra de Tommy Dorsey vale alguma coisa, é pela sua presença.

Muito bem, a tal jam session estava positivamente de amargar, mas ela me trouxe uma outra[25] que quero lembrar como curiosidade para os fãs de jazz e de cinema — de vez que tinha lugar depois das filmagens diárias do filme *A Song Is Born*, com Danny Kaye e cujo título em português desconheço.[26] Grandes homens de jazz participavam da filmagem. Grandes, quer dizer... de grande mesmo só havia um — o genial Louis Armstrong. O melhor que vinha depois ficava, com relação a Louis, à mesma distância de uma supernova do nosso globo terrestre. Esse melhor era Benny Goodman, Lionel Hampton, o próprio Tommy Dorsey, Mel Powell, Charlie Barnet e o Golden Gate Quartet — tudo gente proficiente, alguns já havendo tocado bom jazz, como Goodman e Hampton, mas tudo hoje em dia meio entregue às baratas.

Mas era gostoso. O pessoal ensaiava e filmava o dia inteiro, e à tarde, já cheios daquela história, se reuniam e tocavam como queriam. Havia sempre alguma figura importante em música popular que também vinha peruar a chacrinha, como Sarah Vaughan, e vários músicos brasileiros amigos meus que participavam da filmagem — José Carioca, Nestor Amaral, Russo do Pandeiro, Laurindo de Almeida, entre outros. A gente ficava por ali batendo um papinho com um e outro — era gostoso ouvir, às vezes, provindo de algum cantinho

do primeiro para obter um novo). O consumo de bebidas era pago diretamente ao garçom que servia a mesa, mas só podíamos usá-la se houvesse consumação, caso contrário ficávamos de pé. Muitas vezes devolvíamos o cartão em branco, pois era comum passarmos a noite só ouvindo música. O valor do ingresso era simbólico".

24 Tommy Dorsey e sua orquestra, depois de passarem pelo Rio de Janeiro, tocaram em São Paulo, em dezembro de 1951, no Cine Teatro Odeon e na *boîte* Lord.

25 Vinicius refere-se a esta mesma jam session na crônica "Tarde de jazz", reproduzida aqui na p. 90.

26 O filme passou no Brasil com o título *A canção prometida*.

do set, o som divino do trompete de Louis ensaiando a pauta do filme.

Tommy Dorsey e Benny Goodman andavam no melhor dos humores um com o outro. Ao que parece, Goodman não dava muita bola para os horários da filmagem e atrasava o início dos ensaios. Um dia — e foi pena eu, como fã de jazz, não estar presente — chegou ele, ao que parece meio alto e atrasadíssimo, e Tommy Dorsey exprobrou-lhe o procedimento. Desviaram-se e Benny levou um murro que o prostrou no chão com certo estrépito — pois Benny é um homenzarrão. A turma do deixa estar entrou e a briga acabou assim. Não sei se fizeram as pazes — é bem provável, pois são ambos veteranos, velhos amigos não brigam para sempre só por um soco na cara.

A história fica aqui para os colecionadores. Os fãs de cinema que me perdoem o impedimento.

FOI MUITO OSCAR DEMAIS

Depois de um mês em Minas praticamente sem cinema (ou melhor, só cuidando de fazê-lo) fui ver este *Sinfonia de Paris* (*An American in Paris*), inspirado na famosa e fuleiríssima peça de mesmo nome, da autoria do compositor George Gershwin.

Eu não sei se acontece com todo mundo o que aconteceu comigo. A primeira vez que ouvi George Gershwin, ainda rapazinho, foi num filme que fez época e no qual foi lançada a sua ainda mais famosa "Rhapsody in Blue"; o executante era Paul Whiteman, e havia grandes ângulos cinematográficos de clarinetas sexuadas uivando ritmos lancinantes, aproximações e recuos da câmera sobre grupos de metais contrapontados, ganidos luxurientos, entrechoques da seção de ritmos subitamente criando silêncios doridos que davam para visualizar mulheres em ruas desertas a dançar poses fulgurantes de exaltação amorosa. À testa de tudo isso, Paul Whiteman e a sua careca luzida.

Aqueles acordes ascensionais da música de Gershwin passaram a ser para mim a própria expressão do moderno, do jazz transubstanciado em música. Frequentemente, quando queria dar forma a algo inexprimível, era à claridade inicial da "Rapsódia azul" que recorria. Não conhecia ainda a palavra "sofisticação", mas era evidente que havia muito rato nas minhas águas-furtadas, porque a verdade é que todos os seus gatos miavam quando aquele grito instrumental, penetrado do páthos da grande cidade, subia em exaltadas espirais suplicantes.

Depois eu fiquei mais velho, comecei a escutar bom jazz e boa música clássica com um ouvido mais atento e menos sentimental. O resultado é que hoje em dia acho George Gershwin talvez o melhor dos três piores músicos do mundo. O melhor sim; porque sinceramente prefiro uma "Rapsódia azul" ou um "Americano em Paris" a, por exemplo, um "Concerto de Varsóvia".

Por isso acho o esforço da MGM de modo [sic] meritório ao criar alguns bons balés gênero supersofisticado — isto é: bons enquanto a gente os vê, porque nos esquecemos de todo aquele vazio e inútil fulgor — sobre uma música tão ruim quanto a de Gershwin. Gene Kelly, de resto, lá está para emprestar-lhe a vitalidade da sua dança viril e espontânea. Kelly de há muito afirmou-se como o melhor bailarino do cinema depois de Astaire, de cujo estilo, aliás, difere bastante e a quem em quase nada imita. O filme conta também com muito sofisticado *wit* americano, o pianista Oscar Levant, que foi na vida real cupincha mesmo de fato

de Gershwin — o que não o recomenda, pois a lenda conta que o compositor era uma reverendíssima besta.

A garota Leslie Caron tem uma carinha moderna, com o teclado um pouco de fora, e dança a contento os ágeis bailados sobre a música deste grande palito-de--jacaré do jazz negro que foi Gershwin.

Se não sabem o que é palito-de-jacaré, eu explico. Trata-se de um passarinho do Amazonas que ganhou esse apelido porque os jacarés com grande complacência deixam-no palitar-lhes os dentes com o bico dos restos de carne que se grudam nos seus vastos incisivos. George Gershwin faz mais ou menos isso com os jacarés do jazz negro.

A decoração é em geral boa, copiando pintores impressionistas e modernos da escola de Paris como Renoir, Utrillo, Dufy etc. A sequência da dança de Kelly feita sobre os famosos cartazes de Toulouse-Lautrec é das melhores coisas do filme. Há na produção visível e muito louvável tendência para o bom gosto, apesar de frequentemente o comercialismo hollywoodiano pôr tudo a perder com o seu exagero e a sua desmedida ambição de agradar o público.

De qualquer modo é forte tantos "Oscares" para uma arte tão de araque. Eu, por mim, apesar da grandiosidade do filme, preferi, por mais discreto, o já passado *O pirata* [*The Pirate*], também dirigido por Vincente Minnelli e com Gene Kelly e Judy Garland nos principais papéis, coisa que provavelmente me valerá a pecha de burro por parte de menininhos neuróticos sofisticados de Copacabana e outros subúrbios da Zona Sul desta capital esplêndida.

O COMPOSITOR GEORGE GERSHWIN, RETRATADO COM IRONIA POR VINICIUS COMO "TALVEZ O MELHOR DOS TRÊS PIORES MÚSICOS DO MUNDO".

PARTE 3

& a américa

"Oito milhões de solitários" FERNANDO SABINO

CREPÚSCULO
EM**NEW**YORK

Com um gesto fulgurante o Arcanjo Gabriel
Abre de par em par o pórtico do poente
Sobre New York. A gigantesca espada de ouro
A faiscar simetria, ei-lo que monta guarda
A *Heavens, Incorporations*. Do crepúsculo
Baixam serenamente as pontes levadiças
De *U.S.A. Sun* até a ilha de Manhattan.
Agora é tudo anúncio, irradiação, promessa
Da Divina Presença. No imo da matéria
Os átomos aquietam-se e cria-se o vazio
Em cada coração de bicho, coisa e gente.

E o silêncio se deixa assim, profundamente...

Mas súbito sobe do abismo um som crestado
De saxofone, e logo a atroz polifonia
De cordas e metais, síncopas, arreganhos
De jazz negro, vindos de Fifty Second Street.
New York acorda para a noite. Oito milhões
De solitários se dissolvem pelas ruas
Sem manhã. New York entrega-se.

UMA HOMENAGEM AO DINHEIRO: NO TOPO DE UM EDIFÍCIO EM NOVA YORK, O PAVILHÃO NACIONAL DA CAIXA REGISTRADORA, DURANTE A EXPOSIÇÃO MUNDIAL DE 1939.

POENTE EM NEW YORK

                    xxxxxxxxxxxx irradiante
Com um gesto xxxxxxxxxxxxxxxxxxxx
              o Arcanjo Gabriel
Abre de par em par o pórtico do poente

Sôbre New York. A espada de ouro imensa
         faisoar
A irradiar simetria,ei-lo que monta guarda
                     Incax Baxxpáxxxxx
xxxHeavenxxxxixxxxA Heavens, ixxxxNxxxxxdxxxxxxxxx
                  xxxprosted.   xixxxix
xxxxxxxGxxxxxxxxxxxxxxxxxxxxxxxxxxxxxxxxxxxxx
         Sax
SaxxxxxBxxDxxUxSxxxxxxxsôbrexxxxixxxxdxxMxxxxxxxxx
                                   tarde
Exxxxxxxxxxxxxxxxxxxxxxxprimxxxxquanto xxxx xplende

Baixam solenemente as pontes levadiças

DxxUxSxxSxxxxxxxxxxxxxilhaxxdxxMxxxxxxxx
DxxUxSxxxxifrxxSxxxxxxxxxxxilhaxxdxxxxxxxxxxx
De U.S.(cifra)Sol sôbre a ilha de Manhattan.
              aviso   anúncio
Agora tudo é xxxxxix, antevisão, xxxxxxxxxxxx
              que vem.
De paradaxxxxxxxxxxxxxxxxxxNo cerne da matéria

Aquietam-se os átomos e cria-se o vasio

Em cada coração de bicho, coisa e gente.
                                       fanfarras
xxxixixxxxxxAnticlimax atroz. SúxixxDe súbito, fxxxx
                                             xx
Dissonâncias em fuga, altos pistões, gemidos

De xxxxxxxxxxxxxxxxxxxxxxxxxxxxsaxofones cruéis
Baxxxxixx em blues/   violando violinos
Gixxixxxxx em xdx e pianos em boogie

xxxxxxxxxxxxxxxxxxxxxxxxxxxxx

[handwritten lines, mostly illegible]

DATILOSCRITO
DO POEMA "POENTE
EM NEW YORK", MAIS
TARDE RECOLHIDO
(COMO "CREPÚSCULO
EM NEW YORK") POR
VINICIUS NO VOLUME
ANTOLOGIA POÉTICA.

ABAIXO
VINICIUS E FERNANDO
SABINO DIVERTEM-SE
NUM PARQUE EM NOVA
YORK (*C*. 1946).

              Do páramo
Balizas celestiais põem-se a brotar, vibrantes
À frente da parada, enquanto anjos em *nylon*
As asas de alumínio, as coxas palpitantes
Fluem langues da Grande Porta diamantina.

Cai o câmbio da tarde. O Sublime Arquiteto
Satisfeito, do céu admira sua obra.
A maquete genial reflete em cada vidro
O olho meigo de Deus a dardejar ternuras.
Como é bela New York! Aço e concreto armado
A erguer sempre mais alto eternas estruturas!
Deus sorri complacente. New York é muito bela!
Apesar do East Side, e da mancha amarela
De Chinatown, e da mancha escura do Harlem
New York é muito bela!

              As primeiras estrelas
Afinam na amplidão cantilenas singelas...
Mas Deus, que mudou muito, desde que enriqueceu
Liga a chave que acende a Broadway e apaga o céu
Pois às constelações que no espaço esparziu
Prefere hoje os *Ersätze* sobre La Guardia Field.

DESERT HOT SPRINGS

CARTÃO-POSTAL DE DESERT HOT SPRINGS, A CIDADE CALIFORNIANA QUE ABRIGA DEZENAS DE ESTAÇÕES TERMAIS, CENÁRIO PERFEITO PARA A IRRISÃO DE VINICIUS EM FACE DA VIDA MODERNA AMERICANA.

Na piscina pública de Desert Hot Springs
O homem, meu heroico semelhante
Arrasta pelo ladrilho deformidades insolúveis.
Nesta, como em outras lutas
Sua grandeza reveste-se de uma humilde paciência
E a dor física esconde sua ridícula pantomima
Sob a aparência de unhas feitas, lábios pintados e outros artifícios de vaidade.
Macróbios espetaculares
Espapaçam ao sol as juntas espinhosas como cactos
Enquanto adolescências deletérias passeiam nas águas balsâmicas
Seus corpos, ah, seus corpos incapazes de nunca amar.
As cálidas águas minerais
Com que o deserto impôs às Câmaras de Comércio
Sua dura beleza outramente inabitável
Acariciam aleivosamente seios deflatados
Pernas esquálidas, gótico americano
De onde protuberam dolorosas cariátides patológicas.
Às bordas da piscina
A velhice engruvinhada morcega em posições fetais
Enquanto a infância incendida atira-se contra o azul
Estilhaçando gotas luminosas e libertando rictos
De faces mumificadas em sofrimentos e lembranças.
A Paralisia Infantil, a quem foi poupado um rosto talvez belo
Inveja, de seu líquido nicho, a Asma tensa e esquelética
Mas que conseguiu despertar o interesse do Reumatismo Deformante.
Deitado num banco de pedra, a cabeça no colo de sua mãe o olhar infinitamente ausente
Um *blue boy* extingue em longas espirais invisíveis

A cera triste de sua matéria inacabada — a culpa hereditária
Transformou a moça numa boneca sem cabimento.
O banhista, atlético e saudável
Recolhe periodicamente nos braços os despojos daquelas vidas
Coloca-os em suas cadeiras de rodas, devolve-os a guardiães expectantes
E lá se vão eles a enfrentar o que resta de mais um dia
E dos abismos da memória, sentados contra o deserto
O grande deserto nu e só, coberto de calcificações anômalas
E arbustos ensimesmados; o grande deserto antigo e áspero
Testemunha das origens; o grande deserto em luta permanente contra a morte
Habitado por plantas e bichos que ninguém sabe como vivem
Varado por ventos que vêm ninguém sabe donde.

UMA DAS MUITAS
PISCINAS NATURAIS
DE ÁGUA QUENTE
EM DESERT HOT
SPRINGS, RETRATADA
EM CARTÃO-POSTAL.

HISTÓRIA PASSIONAL, HOLLYWOOD, CALIFÓRNIA

O POETA SOB O SOL CALIFORNIANO.

Preliminarmente telegrafar-te-ei uma dúzia de rosas
Depois te levarei a comer um *chop suey*
Se a tarde também for loura abriremos a capota
Teus cabelos ao vento marcarão oitenta milhas.

Dar-me-ás um beijo com batom marca indelével
E eu pegarei tua coxa rija como a madeira
Sorrirás para mim e eu porei óculos escuros
Ante o brilho de teus dois mil dentes de esmalte.

Mascaremos cada um uma caixa de goma
E iremos ao *Chinese* cheirando a hortelã-pimenta
A cabeça no meu ombro sonharás duas horas
Enquanto eu me divirto no teu seio de arame.

De novo no automóvel perguntarei se queres
Me dirás que tem tempo e me darás um abraço
Tua fome reclama uma salada mista
Verei teu rosto através do suco de tomate.

Te ajudarei cavalheiro com o abrigo de chinchila
Na saída constatarei tuas *nylon 57*
Ao andares, algo em ti range em dó sustenido
Pelo andar em que vais sei que queres dançar rumba.

Beberás vinte uísques e ficarás mais terna
Dançando sentirei tuas pernas entre as minhas
Cheirarás levemente a cachorro lavado
Possuis cem rotações de quadris por minuto.

De novo no automóvel perguntarei se queres
Me dirás que hoje não, amanhã tens filmagem
Fazes a cigarreira num clube de má fama
E há uma cena em que vendes um maço a George Raft.

Telegrafar-te-ei então uma orquídea sexuada
No escritório esperarei que tomes sal de frutas
Vem-te um súbito desejo de comida italiana
Mas queres deitar cedo, tens uma dor de cabeça!

À porta de tua casa perguntarei se queres
Me dirás que hoje não, vais ficar dodói mais tarde
De longe acenarás um adeus sutilíssimo
Ao constatares que estou com a bateria gasta.

Dia seguinte esperarei com o rádio do carro aberto
Te chamando mentalmente de galinha e outros nomes
Virás então dizer que tens comida em casa
De avental abrirei latas e enxugarei pratos.

Tua mãe perguntará se há muito que sou casado
Direi que há cinco anos e ela fica calada
Mas como somos moços, precisamos divertir-nos
Sairemos de automóvel para uma volta rápida.

No alto de uma colina perguntar-te-ei se queres
Me dirás que nada feito, estás com uma dor do lado
Nervosos meus cigarros se fumarão sozinhos
E acabo machucando os dedos na tua cinta.

Dia seguinte vens com um suéter elástico
Sapatos mocassim e meia curta vermelha
Te levo pra dançar um ligeiro *jitterbug*
Teus vinte deixam os meus trinta e pouco cansados.

Na saída te vem um desejo de boliche
Jogas na perfeição, flertando o moço ao lado
Dás o telefone a ele e perguntas se me importo
Finjo que não me importo e dou saída no carro.

Estás louca para tomar uma Coca gelada
Debruças-te sobre mim e me mordes o pescoço
Passo de leve a mão no teu joelho ossudo
Perdido de repente numa grande piedade.

Depois pergunto se queres ir ao meu apartamento
Me matas a pergunta com um beijo apaixonado
Dou um soco na perna e aperto o acelerador
Finges-te de assustada e falas que dirijo bem.

Que é daquele perfume que eu te tinha prometido?
Compro o Chanel 5 e acrescento um bilhete gentil
"Hoje vou lhe pagar um jantar de vinte dólares
E se ela não quiser, juro que não me responsabilizo..."

Vens cheirando a lilás e com saltos, meu Deus, tão altos
Que eu fico lá embaixo e com um ar avacalhado
Dás ordens ao garçom de caviar e champanha
Depois arrotas de leve me dizendo *I beg your pardon*.

No carro distraído deixo a mão na tua perna
Depois vou te levando para o alto de um morro
Em cima tiro o anel, quero casar contigo
Dizes que só acedes depois do meu divórcio.

Balbucio palavras desconexas e esdrúxulas
Quero romper-te a blusa e mastigar-te a cara
Não tens medo nenhum dos meus loucos arroubos
E me destroncas o dedo com um golpe de jiu-jítsu.

Depois tiras da bolsa uma caixa de goma
E mascas furiosamente dizendo barbaridades
Que é que eu penso que és, se não tenho vergonha
De fazer tais propostas a uma moça solteira.

Balbucio uma desculpa e digo que estava pensando...
Falas que eu pense menos e me fazes um agrado
Me pedes um cigarro e riscas o fósforo com a unha
E eu fico boquiaberto diante de tanta habilidade.

Me pedes para te levar a comer uma salada
Mas de súbito me vem uma consciência estranha
Vejo-te como uma cabra pastando sobre mim
E odeio-te de ruminares assim a minha carne.

E então fico possesso, dou-te um murro na cara
Destruo-te a carótida a violentas dentadas
Ordenho-te até o sangue escorrer entre meus dedos
E te possuo assim, morta e desfigurada.

Depois arrependido choro sobre o teu corpo
E te enterro numa vala, minha pobre namorada...
Fujo mas me descobrem por um fio de cabelo
E seis meses depois morro na câmara de gás.

BLUES
PARA EMMETT LOUIS TILL

[O NEGRINHO AMERICANO QUE OUSOU ASSOVIAR PARA UMA MULHER BRANCA]

Os assassinos de Emmett
— Poor Mamma Till!
Chegaram sem avisar
— Poor Mamma Till!
Mascando cacos de vidro
— Poor Mamma Till!
Com suas caras de cal.

Os assassinos de Emmett
— Poor Mamma Till!
Entraram sem dizer nada
— Poor Mamma Till!
Com seu hálito de couro
— Poor Mamma Till!
E seus olhos de punhal.

— I hate to see that evenin'sun go down...

EMMETT LOUIS
TILL (C. 1955).

CENA DO ENTERRO
DE EMMETT TILL,
EM 6 DE SETEMBRO DE
1955. O ASSASSINATO
DO MENINO DE CATORZE
ANOS, NA PEQUENA
CIDADE DE MONEY,
NO MISSISSIPPI,
GALVANIZOU A OPINIÃO
PÚBLICA AMERICANA
E CONTRIBUIU PARA
O CRESCIMENTO
DA LUTA CONTRA O
RACISMO NOS ESTADOS
UNIDOS.

Os assassinos de Emmett
— Poor Mamma Till!
Quando o viram ajoelhado
— Poor Mamma Till!
Descarregaram-lhe em cima
— Poor Mamma Till!
O fogo de suas armas.

Enquanto contendo o orgasmo
— Poor Mamma Till!
A mulher faz um guisado
— Poor Mamma Till!
Para esperar o marido
— Poor Mamma Till!
Que a seu mando foi vingá-la.

— O how I hate to see that evenin'sun go down...

Olhe aqui, Mr. Buster

Este poema é dedicado a um americano
simpático, extrovertido e podre de rico, em cuja
casa estive poucos dias antes de minha volta
ao Brasil, depois de cinco anos de Los Angeles,
EUA. Mr. Buster não podia compreender como
é que eu, tendo ainda o direito de permanecer
mais um ano na Califórnia, preferia, com grande
prejuízo financeiro, voltar para a "Latin
America", como dizia ele. Eis aqui a explicação,
que Mr. Buster certamente não receberá, a não
ser que esteja morto e esse negócio de
espiritismo funcione.

ELSA MAXWELL,
FAMOSA COLUNISTA
SOCIAL AMERICANA,
CITADA POR VINICIUS
EM "OLHE AQUI,
MR. BUSTER".

Olhe aqui, Mr. Buster: está muito certo
Que o Sr. tenha um apartamento em Park Avenue e uma casa em Beverly Hills.
Está muito certo que em seu apartamento de Park Avenue
O Sr. tenha um caco de friso do Partenon, e no quintal de sua casa em Hollywood
Um poço de petróleo trabalhando de dia para lhe dar dinheiro e de noite para lhe dar insônia
Está muito certo que em ambas as residências
O Sr. tenha geladeiras gigantescas capazes de conservar o seu preconceito racial
Por muitos anos a vir, e *vacuum-cleaners* com mais chupo
Que um beijo de Marilyn Monroe, e máquinas de lavar
Capazes de apagar a mancha de seu desgosto de ter posto tanto dinheiro em vão na guerra da Coreia.
Está certo que em sua mesa as torradas saltem nervosamente de torradeiras automáticas
E suas portas se abram com célula fotelétrica. Está muito certo
Que o Sr. tenha cinema em casa para os meninos verem filmes de mocinho
Isto sem falar nos quatro aparelhos de televisão e na fabulosa *hi-fi*
Com alto-falantes espalhados por todos os andares, inclusive nos banheiros.
Está muito certo que a Sra. Buster seja citada uma vez por mês por Elsa Maxwell
E tenha dois psiquiatras: um em Nova York, outro em Los Angeles, para as duas "estações" do ano.
Está tudo muito certo, Mr. Buster — o Sr. ainda acabará governador do seu estado
E sem dúvida presidente de muitas companhias de petróleo, aço e consciências enlatadas.
Mas me diga uma coisa, Mr. Buster
Me diga sinceramente uma coisa, Mr. Buster:
O Sr. sabe lá o que é um choro de Pixinguinha?
O Sr. sabe lá o que é ter uma jabuticabeira no quintal?
O Sr. sabe lá o que é torcer pelo Botafogo?

DACTILOSCRITO DE "OLHE AQUI, MR. BUSTER" (AINDA COM O TÍTULO EM INGLÊS), NO QUAL SE PODEM VER DIVERSAS ALTERAÇÕES REALIZADAS À MÃO PELO POETA.

LOOK HERE, MR BUSTER...

Olhe aqui, Mr. Buster, está muito certo

Que o sr. tenha um apartamento em Park Avenue e uma casa em Be
verly Hills
Está muito certo que em seu apartamento de Park Avenue
(caço do)   no quintal de
O sr. tenha um frizo do Partenon e sua casa de Beverly Hills
Um poço de petróleo trabalhando de dia para
lhe dar dinheiro e de noite para lhe dar insônia.
Está muito certo que em ambas as
conservar
O sr. tenha geladeiras de 12 pés capazes de o seu
anos   preconceito racial
Por muitos a vir, e vacuum-cleaners com mais chupo

Que um beijo de Marilyn Monroe, e máquinas de lavar

Capazes de apagar a mancha de seu gosgôsto de ter posto tanto dinheiro em vão na guerra da Coréa.
Está certo que em sua as torradas saltem automaticamente
a mesa   das torradeiras
E as portas se abram célula fotoelétrica. Está muito certo

Que o sr. tenha cinema em casa, para os meninos verem Roy Rogers
cismam   nos
Quando e isso sem falar três aparelhos de televisão
na fabulosa hi-fi com alto-falantes
E espalhados por todos os andares.

Está muito certo que sua mulher seja citada uma vez por mês por
Elsa Maxwell
E tenha dois psiquiatras para as duas estações
em Nova York e na costa do Pací-
fico. poderá
Está tudo muito certo, Mr. Buster, o sr. ainda acabará governa-
sem dúvida   dor do seu Estado
E presidente de muitas companhias de petróleo, aço e matéria plás
tica.
Mas me diga aqui uma coisa, Mr. Buster:

O sr. sabe lá o que é ter uma jaboticabeira no seu quintal?

O sr. sabe lá o que é samba de telecoteco?

O sr. sabe lá o que é torcer pelo Botafogo?

ÔNIBUS GREYHOUND A

Terra seca árvore seca
E a bomba de gasolina
Casa seca paiol seco
E a bomba de gasolina
Serpente seca na estrada
E a bomba de gasolina
Pássaro seco no fio
(E a bomba de gasolina)
Do telégrafo: S. O. S.
E a bomba de gasolina
A pele seca o olhar seco
(E a bomba de gasolina)
Do índio que não esquece
E a bomba de gasolina
E a bomba de gasolina
E a bomba de gasolina
E a bomba de gasolina...

AVESSA O NOVO MÉXICO

O NOVO MÉXICO
EM CARTÃO-POSTAL
(C. 1950).

CRONOLOGIA

1913 Nasce Vinicius de Moraes, em 19 de outubro, no bairro da Gávea, Rio de Janeiro, filho de Lydia Cruz de Moraes e Clodoaldo Pereira da Silva Moraes.

1916 A família muda-se para Botafogo, e Vinicius passa a residir com os avós paternos.

1922 Seus pais e os irmãos transferem-se para a ilha do Governador, onde Vinicius constantemente passa suas férias.

1924 Inicia o curso secundário no Colégio Santo Inácio, em Botafogo.

1928 Compõe, com Haroldo e Paulo Tapajós, respectivamente, os foxes "Loura ou morena" e "Canção da noite", gravados pelos Irmãos Tapajós em 1932.

1929 Bacharela-se em letras, no Santo Inácio. Sua família muda-se para a casa contígua àquela onde nasceu o poeta, na rua Lopes Quintas.

1930 Entra para a Faculdade de Direito da rua do Catete.

1933 Forma-se em direito e termina o Curso de Oficial de Reserva. Estimulado por Otávio de Faria, publica seu primeiro livro, *O caminho para a distância*, na Schmidt Editora.

1935 Publica *Forma e exegese*, com o qual ganha o Prêmio Felipe d'Oliveira.

1936 Publica, em separata, o poema *Ariana, a mulher*.

1938 Publica *Novos poemas*. É agraciado com a bolsa do Conselho Britânico para estudar língua e literatura inglesas na Universidade de Oxford (Magdalen College), para onde parte em agosto do mesmo ano. Trabalha como assistente do programa brasileiro da BBC.

1939 Casa-se, por procuração, com Beatriz Azevedo de Mello. Regressa da Inglaterra em fins do mesmo ano, devido à eclosão da Segunda Grande Guerra.

1940 Nasce sua primeira filha, Susana. Passa longa temporada em São Paulo.

1941 Começa a escrever críticas de cinema para o jornal *A Manhã* e colabora no "Suplemento Literário".

1942 Nasce seu filho, Pedro. Faz uma extensa viagem ao Nordeste do Brasil acompanhando o escritor americano Waldo Frank.

1943 Publica *Cinco elegias*. Ingressa, por concurso, na carreira diplomática.

1944 Dirige o "Suplemento Literário" d'*O Jornal*.

1946 Parte para Los Angeles, como vice-cônsul, em seu primeiro posto diplomático. Publica *Poemas, sonetos e baladas* (372 exemplares, com ilustrações de Carlos Leão).

1947 Estuda cinema com Orson Welles e Gregg Toland. Lança, com Alex Viany, a revista *Filme*.

1949 Publica *Pátria minha* (tiragem de cinquenta exemplares, em prensa manual, por João Cabral de Melo Neto, em Barcelona).

1950 Morre seu pai. Retorna ao Brasil.

1951 Casa-se com Lila Bôscoli. Colabora no jornal Última Hora como cronista diário e, posteriormente, como crítico de cinema.

1953 Nasce sua filha Georgiana. Colabora no tabloide semanário "Flan", de Última Hora. Edição francesa das *Cinq* élégies, nas edições Seghers. Escreve crônicas diárias para o jornal *A Vanguarda*. Segue para Paris como segundo-secretário da embaixada brasileira.

1954 Publica *Antologia poética*. A revista *Anhembi* edita sua peça *Orfeu da Conceição*, premiada no concurso de teatro do iv Centenário da cidade de São Paulo.

1955 Compõe, em Paris, uma série de canções de câmara com o maestro Claudio Santoro. Trabalha, para o produtor Sasha Gordine, no roteiro do filme *Orfeu negro*.

1956 Volta ao Brasil em gozo de licença-prêmio. Nasce sua terceira filha, Luciana. Colabora no quinzenário *Para Todos*. Trabalha na produção do filme *Orfeu negro*. Conhece Antonio Carlos Jobim e convida-o para fazer a música de *Orfeu da Conceição*, musical que estreia no Teatro Municipal do Rio de Janeiro. Retorna, no fim do ano, a seu posto diplomático em Paris.

1957 É transferido da embaixada em Paris para a delegação do Brasil junto à Unesco. No fim do ano é removido para Montevidéu, regressando, em trânsito, ao Brasil. Publica *Livro de sonetos*.

1958 Parte para Montevidéu. Casa-se com Maria Lúcia Proença. Sai o LP *Canção do amor demais*, de Elizete Cardoso, com músicas suas em parceria com Tom Jobim.

1959 Publica *Novos poemas II*. *Orfeu negro* ganha a Palme d'Or do Festival de Cannes e o Oscar de Melhor Filme Estrangeiro.

1960 Retorna à Secretaria do Estado das Relações Exteriores. Segunda edição (revista e aumentada) de *Antologia poética*. Edição popular da peça *Orfeu da Conceição*. É lançado *Recette de femme et autres poèmes*, tradução de Jean-Georges Rueff, pelas edições Seghers.

1961 Começa a compor com Carlos Lyra e Pixinguinha. É publicada *Orfeu negro*, com tradução italiana de P. A. Jannini, pela Nuova Academia Editrice.

1962 Começa a compor com Baden Powell. Compõe, com Carlos Lyra, as canções do musical *Pobre menina rica*. Em agosto, faz show com Tom Jobim e João Gilberto na boate Au Bon Gourmet. Na mesma boate, apresenta o espetáculo *Pobre menina rica*, com Carlos Lyra e Nara Leão. Compõe com Ari Barroso. Publica *Para viver um grande amor*, livro de crônicas e poemas. Grava, como cantor, disco com a atriz e cantora Odete Lara.

1963 Começa a compor com Edu Lobo. Casa-se com Nelita Abreu Rocha e parte para um posto em Paris, na delegação do Brasil junto à Unesco.

1964 Regressa de Paris e colabora com crônicas semanais para a revista *Fatos e Fotos*, assinando, paralelamente, crônicas sobre música popular para o *Diário Carioca*. Começa a compor com Francis Hime. Faz show (transformado em LP) com Dorival Caymmi e o Quarteto em Cy na boate carioca Zum-Zum.

1965 Publica a peça *Cordélia e o peregrino*, em edição do Serviço de Documentação do Ministério da Educação e Cultura. Ganha o primeiro e o segundo lugares do I Festival de Música Popular Brasileira da TV Excelsior de São Paulo, com "Arrastão" (parceria com Edu Lobo) e "Valsa do amor que não vem" (parceria com Baden Powell). Trabalha com o diretor Leon Hirszman no roteiro do filme *Garota de Ipanema*. Volta à apresentação com Caymmi, na boate Zum-Zum.

1966 São feitos documentários sobre o poeta pelas televisões americana, alemã, italiana e francesa, os dois últimos realizados pelos diretores Gianni Amico e Pierre Kast. Publica *Para uma menina com uma flor*. Faz parte do júri do Festival de Cannes.

1967 Publica a segunda edição (aumentada) do *Livro de sonetos*. Estreia o filme *Garota de Ipanema*.

1968 Falece sua mãe, em 25 de fevereiro. Publica *Obra poética*, organizada por Afrânio Coutinho, pela Companhia José Aguilar Editora.

1969 É exonerado do Itamaraty. Casa-se com Cristina Gurjão.

1970 Casa-se com Gesse Gessy. Nasce sua filha Maria Gurjão. Início de sua parceria com Toquinho.

1971 Muda-se para a Bahia. Viaja para a Itália.

1972 Retorna à Itália com Toquinho, onde gravam o LP *Per vivere un grande amore*.

1975 Excursiona pela Europa. Grava, com Toquinho, dois discos na Itália.

1976 Casa-se com Marta Rodrigues Santamaria.

1977 Grava LP em Paris, com Toquinho. Show com Tom, Toquinho e Miúcha, no Canecão.

1978 Excursiona pela Europa com Toquinho. Casa-se com Gilda de Queirós Mattoso.

1980 Morre, na manhã de 9 de julho, em sua casa, na Gávea.

REFERÊNCIAS

jazz jazz

O JAZZ: SUA ORIGEM
Revista *Sombra*, Rio de Janeiro,
setembro de 1951. Assinado
por Vinicius de Moraes,
Marili Ertegun e Nesuhi Ertegun
(estes dois, provavelmente,
colaboraram com informações).
O ensaio teve uma primeira
versão, bem mais extensa,
que permaneceu inédita, com
o título "O jazz: sua crônica,
seus homens, seus mistérios..."
(o dactiloscrito encontra-se
no Arquivo-Museu de Literatura
Brasileira da Fundação Casa
de Rui Barbosa, Rio de Janeiro).
Dessa versão, aproveitamos
a epígrafe do poema "O navio
negreiro", de Castro Alves,
e os três textos seguintes.

O NASCIMENTO DO SPIRITUAL
Inédito. Parte do dactiloscrito
de "O jazz: sua crônica, seus
homens, seus mistérios..."
(cf. referência acima),
do qual aproveitamos também
o subtítulo que abria esta
parte do ensaio.

NOUVELLE-ORLÉANS: EH, LÀ-BAS!
Idem.

I THOUGHT I HEARD BUDDY BOLDEN SHOUT...
Idem.

TARDE DE JAZZ
In: Augusto, Sérgio.
Cancioneiro Vinicius de Moraes: Biografia.
Rio de Janeiro: Jobim
Music/Instituto Antonio
Carlos Jobim, 2007.

O QUE É JAZZ
Flan, Última Hora,
"O diz-que-disco",
Rio de Janeiro,
21 a 27 de junho de 1953.

JAZZ PANORAMA — PREFÁCIO
Prefácio a *Jazz: panorama*,
de Jorge Guinle.
Rio de Janeiro: Agir, 1953.

UM BLUES PARA BESSIE
Revista *Vanguarda*,
Rio de Janeiro,
17 de agosto de 1953.

BALADISTAS AMERICANOS
Flan, Última Hora,
"O diz-que-disco",
Rio de Janeiro, 20 a 26
de setembro de 1953.

jazz & cinema

NÃO SÃO MUITAS AS "SENSAÇÕES DE 1945"
Revista *Diretrizes*,
"Cinema", Rio de Janeiro,
19 de outubro de 1945.

JAM SESSION
Última Hora, 3 de dezembro
de 1951; *Poesia completa
e prosa*, "Crítica de cinema".
Org. de Eucanaã Ferraz.
Rio de Janeiro: Nova
Aguilar, 2004.

FOI MUITO OSCAR DEMAIS
Última Hora, 26 de abril
de 1952; *Poesia completa
e prosa*, "Crítica de cinema".
Org. de Eucanaã Ferraz.
Rio de Janeiro: Nova
Aguilar, 2004.

jazz & a américa

CREPÚSCULO EM NEW YORK
Antologia poética.
Rio de Janeiro: A Noite,
1954; *Nova antologia poética*.
Org. de Antonio Cicero
e Eucanaã Ferraz.
São Paulo: Companhia
das Letras, 2003.

DESERT HOT SPRINGS
Antologia poética.
Rio de Janeiro: A Noite,
1954; *Poemas esparsos*.
Sel. e org. de Eucanaã Ferraz.
São Paulo: Companhia
das Letras, 2008.

HISTÓRIA PASSIONAL,
HOLLYWOOD, CALIFÓRNIA
Idem.

BLUES PARA EMMETT
LOUIS TILL
*Para viver um grande amor
(crônicas e poemas)*.
Rio de Janeiro:
Editora do Autor, 1966;
São Paulo: Companhia
das Letras, 2010.

OLHE AQUI, MR. BUSTER
Idem.

O ÔNIBUS GREYHOUND
ATRAVESSA O NOVO MÉXICO
Idem.

CRÉDITOS DAS IMAGENS

Todos os esforços foram feitos
para determinar a origem
das imagens deste livro.
Nem sempre isso foi possível.
Teremos prazer em creditar
as fontes, caso se manifestem.

pp. 6-7, 43, 59, 60, 68, 102, 108,
116 (detalhe), 118, 136, 138 e 140:
© Betmann/Corbis/Latinstock

pp. 8, 10, 21, 22, 25, 125 e 130: DR/VM

pp. 11, 124 e 143: Acervo Arquivo
— Museu de Literatura Brasileira
da Fundação Casa de Rui
Barbosa

pp. 13 (detalhe), 126 e 128: Acervo
do organizador/Reprodução
de Ailton Alexandre da Silva

p. 17: © Ted Williams/Corbis/
Latinstock

pp. 23, 24 e 31: DR/Gene Deitch

p. 27: © Pierre Vauthey/Sygma/
Corbis/Latinstock

p. 28 e 112: Arquivo particular

pp. 34-5 e 94-5: © Michael Ochs
Archives/Corbis/Latinstock

pp. 1, 36 (detalhe), 48, 74-5, 98
(detalhe) e 147: © Hulton-Deutsch
Collection/Corbis/Latinstock

pp. 42, 70 e 88: Corbis/Latinstock

p. 52: Christie's Images/Corbis/
Latinstock

pp. 54-5: © Louie Psihoyos/
Science Faction/Corbis/
Latinstock

p. 58: © Bradley Smith/Corbis/
Latinstock

p. 62: © Christopher Felver/
Corbis/Latinstock

p. 73 © Leonard de Selva/
Corbis/Latinstock

pp. 76-7: The Granger
Collection/Other Images

p. 84: © DePalma/ClassicStock/
Corbis/Latinstock

pp. 110-1: Dennis Stock/
Magnum Photos/Latinstock

p. 123: © Underwood &
Underwood/Corbis/Latinstock

p. 144: © Foud Image Press/
Corbs/Latinstock

COPYRIGHT © 2013 BY
V. M. EMPREENDIMENTOS ARTÍSTICOS
E CULTURAIS LTDA.

Grafia atualizada segundo
o Acordo Ortográfico da Língua
Portuguesa de 1990, que entrou
em vigor no Brasil em 2009.

capa e projeto gráfico
WARRAKLOUREIRO

pesquisa
**EUCANAÃ FERRAZ
VICTOR ROSA**

pesquisa iconográfica
EUCANAÃ FERRAZ

preparação
MÁRCIA COPOLA

revisão
**HUENDEL VIANA
ANA MARIA BARBOSA**

dados internacionais de catalogação na publicação (cip)
(câmara brasileira do livro, sp, brasil)
----
moraes, vinicius de, 1913-1980
jazz & co. / vinicius de moraes; organização,
prefácio e notas eucanaã ferraz. — são paulo:
companhia das letras, 2013
isbn 978-85-359-2288-2
1. moraes, vinicius de, 1913-1980
2. música popular – história e crítica 3. jazz (música)
i. ferraz, eucanaã. ii. título.
13-06044   cdd-781.57

índice para catálogo sistemático:
1. jazz: música 781.57

[2013]
todos os direitos desta edição reservados à
EDITORA SCHWARCZ S.A.
rua bandeira paulista, 702, cj. 32
04532-002 — são paulo — sp
telefone: (11) 3707 3500
fax: (11) 3707 3501
www.companhiadasletras.com.br
www.blogdacompanhia.com.br

1ª reimpressão

esta obra foi composta
em grotesque e news gothic
e impressa em ofsete pela
rrdonnelley sobre papel
paperfect da suzano papel
e celulose para editora
schwarcz em outubro de 2013

A marca FSC® é a garantia
de que a madeira utilizada na
fabricação do papel deste
livro provém de florestas que
foram gerenciadas de maneira
ambientalmente correta,
socialmente justa e economicamente
viável, além de outras fontes
de origem controlada.